우리는 왜 타인의 욕망을 욕망하는가

우리는 왜
타인의 욕망을 욕망하는가

서가
명강
28

타인 지향적 삶과 이별하는
자기 돌봄의 인류학 수업

이현정 지음

서울대학교
인류학과 교수

21세기북스

자연과학

自然科學, Natural Science

과학, 수학, 화학, 물리학,
생물학, 천문학, 공학, 의학

인문학

人文學, Humanities

철학, 역사학, 종교학,
문학, 고고학, 미학, 언어학

예술

藝術, Arts

음악, 미술, 무용

인류학

人類學, Anthropology

사회과학

社會科學, Social Science

사회학, 경제학, 심리학, 법학,
정치학, 외교학, 인류학

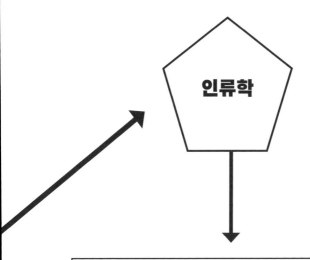

인류학이란?
人類學, Anthropology

인류학은 인간과 문화의 다양성과 보편성을 연구한다. 그리스어로 인간을
뜻하는 'anthropos'와 학문과 지식을 뜻하는 'logos'가 합쳐진 말이다.
인간은 생물학적 속성과 문화적 특징을 가진 존재로 인류학은 이 모든
측면을 포괄하여 매우 광범위한 차원에서 인간을 연구한다. 시간적으로는
선사시대에서 현대까지, 공간적으로는 세계의 모든 지역의 인간과 문화를
연구 대상으로 삼아 모든 지식을 두루 연결하는 것을 학문의 목표로 한다.

이 책을 읽기 전에 주요 키워드

후기 근대성

근대성은 일반적으로 봉건시대 이후 20세기 유럽 산업사회를 중심으로 전 세계에 영향을 미치고 있는 사회생활과 조직의 양식을 일컫는다. 근대성의 대표적인 특징 중 하나는 종교적 영향력의 쇠퇴와 전문가들이 시민들의 몸에 행사하는 통제력이 증가한 것으로 본다. 후기 근대성은 이와 같은 근대성의 경향이 20세기 후반에 들어서면서 급진화되는 것을 말한다. 후기 근대성을 명명하는 방식은 학자에 따라 다른데, '위험사회'라는 개념으로 유명한 독일의 학자 울리히 벡(Ulrich Beck)은 이를 '제2근대성'이라고 하고, 사회구조화 이론을 구축한 영국의 학자 앤서니 기든스(Anthony Giddens)는 이를 '고도 근대성'이라고 일컫는다. 또 '유동하는 근대'라는 개념으로 현대 서구 사회의 불안정한 삶을 설명한 폴란드의 사회학자 지그문트 바우만(Zygmunt Bauman)은 이를 '액체 근대'라고 명명한다.

정상가족

사회에서 말하는 '정상가족'은 부모와 자녀로 이뤄진 전형적인 핵가족 형태의 가족을 이야기한다. 이 용어는 핵가족 형태의 가족을 벗어난 기러기 아빠, 무자녀 가족, 입양가족, 동거가족, 조손가족, 동성결혼 등의 가족 형태를 비정상적으로 본다는 메시지를 함의하고 있다. 하지만 '정상가족'의 형태를 벗어난 가족의 형태가 보편화되고 있으며 한국의 경우에도 다양한 형태의 가족이 나타나고 있다. 정상가족 이데올로기는 핵가족 형태를 이상적이고 건강한 가족이라고 보며 정상가족 그 자체에 가부장성이 있다고 보기도 한다.

젠더 갈등

젠더(gender)는 사회적 성을 뜻하며, 남녀 간의 대등한 관계, 평등에 있어서 모든 사회적 동등함을 실현시켜야 한다는 의미가 함축되어 있다. 젠더 갈등은 일종의 성별 갈등, 남녀 갈등을 통칭하는 것으로 진정한 성 평등으로 도달하는 과정에서 발생하는 진통으로 본다. 정치권에서는 이를 문제의 본질을 왜곡하는 프레임으로 제기하기도 하며, 세대에 따라 그 의식 격차가 현저히 다르다.

규율 권력

사회나 어떤 집단에 의해 법처럼 원칙으로 정해져 있어 따르지 않으면 벌을 받는 종류의 것이 아닌 사회 구성원들이 자기 스스로 규율을 내면화하여 따르는 것을 '규율 권력'이라 한다. 미셸 푸코(Michel Foucault)는 『감시와 처벌』에서 '규율 권력'에 관해 언급했다. 규율 권력은 왕이 국가를 통치하던 시절 존재했던 군주 권력과 달리, 개인의 신체, 몸짓, 시간, 품행을 총체적으로 포획하는 권력으로 일종의 미시적 권력이라 할 수 있다. 푸코가 말하는 규율 권력의 핵심은 권력 행사가 억압을 통해 이루어진다고 보지 않고, 이미 공고하게 자리잡은 사회의 여러 제도 속에 권력 체계가 녹아 있어 사람들이 교육을 받고 성장하며 사회생활을 이어가면서 자기 스스로 내면화하게 된 규율에 따라 움직인다고 보는 것이다.

패거리주의

한국 사회의 고질적인 문제를 만든 것으로, 혈연, 학연, 동향 등 '끼리끼리 문화'가 빚어낸 집단주의적 속성의 부정적인 측면을 가리킨다. 이는 공정과 정의를 훼손해왔고, 집단 내에서 개개인의 '다름'을 배제한다. 같은 패거리끼리 중요 사항을 논의하고 결정하며, 패거리에 속하지 않은 사람이 그 문제에 참여하려고 하면 배척한다. 확대된 가족주의가 패거리주의를 만들어왔다고 보기도 한다.

자기 돌봄

스스로 자신을 돌보는 것으로, '나는 누구인가, 어떤 가치를 중요하게 여기며 살고 있는가'에 대한 끊임없는 질문의 과정으로 볼 수 있다. 특히 타인 지향적인 한국 사회에서 필요한 가치라고 할 수 있다. 타인의 욕망, 타인의 시선에 의해서 나 자신을 바라보는 것이 아니라 자신의 자유의지로 마음이 가는 대로, 저마다 건강과 행복에 대한 다양한 가치와 모양을 꿈꿀 수 있어야 자신을 진정으로 돌볼 수 있다.

차례

1부 내 몸이 내 것이 아닌 것 같아

2부 우리는 가족이지만 타인이다

"사회적 고통을 치유하는 일은 사람을 치유하는 일
보다 훨씬 어렵고 복잡하다. 그 해결을 위한 시작은
각자가 타인에 의해 이끌리지 않는 자신의 진정한
욕망을 깨닫는 것이다."

차별과 혐오에 갇혀 괴로운 당신에게

어느 날 새로 오신 아파트 경비원 아저씨와 이야기를 나눌 일이 있었다. 이야기를 하다 보니 그분이 경비 일을 하기 전 대기업 임원으로 일했다는 것을 알게 되었다. 그러면서 하시는 말씀이, 임원직을 그만두고 경비원을 하려고 하니까 가족을 비롯해 주변에서 다 말렸다고 하셨다. 임원이었던 사람이 그냥 쉬지 그런 일을 왜 하느냐는 등 심지어 남들에게 말하기가 창피하다는 등 말이다. 가만히 종일 집 안에 머무르니 무언가 일을 계속하는 게 좋지 않을까 싶었고, 경비 일이 나름 괜찮을 것 같아 선택했지만, 주변 사람들의 심각한 만류에 부딪힌 것이다. 다행히 이분은 용감하게 주변의 방해를 떨치고 자신의 길을 새롭게 시작했다. 짧은 대화였지만 누구라도 자신이 원하는 바가 주위 사람들의 많은 반대에 부딪히면 스스로 정한 삶을 살아가기가 쉽지 않다는 것을 새삼 깨달았다.

인간은 사회적 동물이어서 주변 사람들의 시선을 무시하거나 벗어나기 어렵다. 그러나 달리 생각해보면, 한국 사회만큼 주위의 시선에 좌지우지되는 경우도 없다. 단순히 머리 모양 하나도 내 마음대로 바꾸기가 쉽지 않다. 머리가 하얗게 세면 왜 염색을 하지 않느냐는 주변 핀잔을 듣기 일쑤이고, 탈모가 진행되면 어서 탈모 약을 쓰거나 치료를 받아야 하지 않겠느냐는 조언을 받기 쉽다. 여성의 경우 몸을 둘러싼 제약은 남성에 비해 더 심각하다. 조금만 체격이 커지면 자기 관리에 소홀하지 않은지 운동 부족이나 게으른 사람으로 의심받기 쉽고, 몸매를 많이 드러내는 옷을 입으면 혹시 도덕적으로 문란한 사람은 아닌지 이상한 눈길을 받게 된다. 화장기 없는 맨얼굴로 수수하게 외출하면, 좀 꾸미고 다니라는 말을 듣는 경우도 많다. 반면 SNS에는 자신의 몸매를 자랑하는 사진들이 즐비하고, 신문과 광고에는 각종 다이어트 식품과 의료적 시술에 관한 선전이 가득차 있다. 먹는 것, 차려입는 것, 꾸미는 것 어느 하나 할 것

없이 온통 주변의 아우성 속에서 내 몸을 자유롭게 놔두기가 어렵다.

가족 안에서의 삶은 또 어떠한가. 한국 사회는 마치 150명의 부족 사회인 것처럼 모든 사람이 정해진 나이에 무엇을 해야 하는지 빡빡하게 짜인 것처럼 보인다. 15살이면 중학교 2학년이어야 하고, 22살이면 대학생이어야 한다. 그 외의 다른 경로란 매우 특이한 경우로 어딘가 문제가 있거나 특별한 사연이 있는 것처럼 여겨진다. 또 사람들이 결혼하면 수단과 방법을 불사하면서 집을 사려고 애쓰는 것이 당연하고, 아이를 낳으면 교육열에 빠져드는 게 지극히 정상적인 부모의 역할이라고 생각한다. 아이의 학교 성적에 신경을 쓰기보다 자신의 업무를 열심히 하는 엄마는 모성이 부족하거나 제대로 엄마 역할을 하지 못하는 사람으로 인식한다. 최근 한국 사회에는 결혼하지 않고 혼자 살거나, 결혼한 뒤에도 아이를 낳지 않고 사는 사람들이 많아졌지만, 여전히 집 안에서의 남녀 역할과 부모의 역할에 관한 고정관념이 작동하고 있다. 이러한 사회 속에서 개인의 자유는 도대체 어디에서 찾을 수 있을까?

『우리는 왜 타인의 욕망을 욕망하는가』는 한국인이 보

다 개인의 자유로운 삶을 찾기를 바라는 마음에서 시작되었다. 이 책을 통해 우리 삶에 밀착되어 있는 몸, 가족, 젠더의 문제를 살펴보며 각자의 삶을 진단해볼 수 있는 계기가 되었으면 한다. '우리 몸은 어떠한 제약과 요구, 그리고 가능성 속에 놓여 있는가?', '오늘날 가족의 형태는 어떻게 변화하고 있으며, 그 속에서 가족의 역할과 기능은 무엇인가?', '남녀 성별이 차별과 배제, 혐오를 넘어 어떻게 나아가야 하는가?' 등의 질문에 대답하려는 시도이다. 이러한 질문과 문제 들을 되짚으면서 우리 모두가 타인의 욕망에 따라 사는 삶이 아닌, 자신의 욕망에 따라 주체적으로 살아가는 삶을 만들었으면 한다.

인류학은 본래 역사적, 지역적으로 다양한 사회를 탐구하는 학문이다. 부족 사회로부터 현대 사회에 이르기까지, 그리고 동·서구, 남·북반구를 통틀어 다양한 인간의 삶과 사고방식에 관심을 둔다. 한국 사회를 중점적으로 다루는 이 책에서는 인류학을 넘어 역사학, 철학, 사회학 등 다양한 학문의 성과들을 참고했다.

이 책은 무엇보다 타인의 욕망에 따라 우리 삶이 지나치게 구조화되고 제약된다면, 그것이 또 다른 끔찍한 사회적 고통을 낳을 수 있다는 우려에서부터 출발했다. 오늘날 남녀 사이의 첨예한 혐오, 집단 간의 차별과 위계, 그리고 각 개인이 지니는 불안과 미래에 대한 공포는 가히 심각한 수준이다. 한 사람 한 사람의 문제도 걱정이지만, 전 사회적으로 이러한 분위기가 팽배하면 그것은 심각한 사회적 고통이 될 수 있다. 사회적 고통을 치유하는 일은 한 사람을 치유하는 일보다 훨씬 어렵고 복잡하다. 우리 사회의 차별, 혐오, 불안을 해결하지 못한다면, 앞으로 점점 더 감당할 수 없는 문제에 봉착하게 될 것이다. 그 해결을 위한 시작은 각자가 타인에 의해 이끌리지 않는 자신의 진정한 욕망을 깨닫고, 자신의 '나다움'을 찾아 살아나갈 수 있도록 관용적이고 자유로운 사회적 분위기가 형성되는 것이다. 그러한 방향을 찾기 위한 첫걸음으로 이 책이 모든 이들에게 생각할 거리를 던져주고, 자신의 삶을 되돌아보는 기회가 될 수 있기를 바란다.

2022년 12월

이현정

1부_____

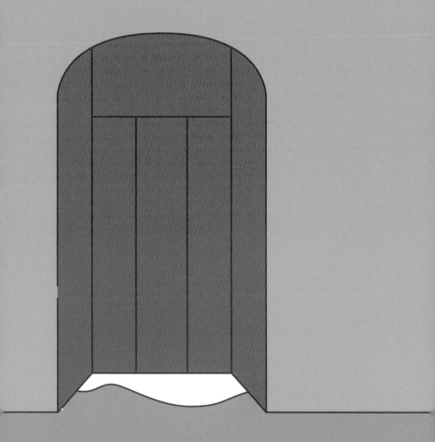

내 몸이
내 것이

아닌 것 같아

우리 몸은 항상 다른 사람들의 시선에 노출되어 있다. 타인의 시선에 의해 끊임없이 평가받으며 서로가 주고받는 시선은 결국에는 내 몸이 내 것이 아닌 불편한 상황에 직면하게 한다. 이는 현대 사회가 개개인에게 이상적인 몸의 잣대를 부여하고 끊임없이 관리의 필요성을 인식시켜 새롭게 발생한 문제이다.

나와 세계를
연결하는 몸

몸에 대한 시선과 인식

아침에 일어날 때의 장면을 떠올려보자. 당신의 하루는 어떤 모습으로 시작하는가? 어떤 사람들은 일어나자마자 급하게 샤워를 하고 옷을 입으며 출근 준비를 할 것이고, 또 다른 사람들은 여유 있게 일어나 체조를 하며 느긋하게 아침 시간을 보낼 것이다. 눈 뜨자마자 휴대전화로 문자나 이메일을 확인하며, 중요한 메시지가 도착하지는 않았는지 확인하는 사람들도 있을 것이다. 또 서둘러 앞치마를 매고 가족의 식사 준비를 하는 사람도 있을 것이다. 이처럼 아침에 눈을 뜬 뒤 이어지는 행동은 저마다 다르지만, 한 가지 공통점이 있다. 바로 모두 자신의 몸을 사용한다는 사실이다. 샤워를 하고, 옷을 입고, 휴대전화를 만지작거리고, 체조를 하는 등 우리는 모두 몸을 사용하며 살아간다.

몸은 우리가 세계 속에 존재할 수 있게 만드는 매개체다. 몸은 두 가지 방향으로 나와 내 주변 세계를 연결한다. 먼저 몸은 주변 세계를 인지하고 받아들이는 '통로'로서 그 역할을 한다. 사람은 눈과 코, 입과 귀, 그리고 손과 피부를 통해 주변 세계를 감지하고 인식한다. 비가 오는지, 날씨가 맑은지 내 앞에 서 있는 사람이 아는 사람인지 처음 본 사람인지, 지금 먹는 음식이 무슨 재료로 만든 것인지, 각 부분에서 느껴지는 감각을 통해 세계를 인지한다. 우리는 몸을 매개하지 않고 결코 바깥의 세계를 경험할 수 없다.

반대로, 몸은 우리가 세계를 향해 반응할 수 있게 만드는 '수단'이기도 하다. 사랑하는 사람을 만났을 때 반짝거리는 눈빛이라든지, 맛있는 음식을 먹었을 때 입꼬리가 빙긋이 올라가는 것은 세상이 내게 던져준 자극에 대한 몸의 자연스러운 반응이다. 만일 입이 없다면 내 생각을 어떻게 언어로 표현할 것인가? 타인에게 반가움을 드러내기 위해서 악수를 하거나 포옹을 하는 행위도 몸을 통해서 가능하다. 사회를 변혁하고자 집회에 참여한 사람들이 구호를 외

치거나 동작을 행하는 일 역시 몸을 수단으로 사용하는 행위이다. 이처럼 몸이라는 매개체를 통해 나는 주변 세계에 반응한다.

몸에 대한 인식은 동서양에서 차이를 보인다. 서양의 경우를 먼저 살펴보자. 서양의학의 뿌리는 고대 그리스에서 찾을 수 있는데 특히 그리스의 사체액설四體液說(네 가지의 체액으로 몸이 구성되어 있다고 믿는 사상)을 그 기원으로 생각한다. 고대에는 체액설 외에도 다양한 이론이 각축을 벌였다. 그러나 체액설을 주장한 히포크라테스 학파가 절대적 우위를 차지하게 되면서, 이후 1500년간 서양에서는 체액설을 중심으로 몸에 대한 인식이 이루어졌다.

중세 시대는 신을 중심으로 놓는 사고에 따라서, 인간의 몸이 신의 뜻에 따라 목적론적으로 만들어진 것이라고 생각했다. 이러한 사고도 약 1500년간 지속되었다. 당시 점성술이 유행했는데 이를 토대로 인체를 대우주의 축소판인 소우주로 생각하기도 했다. 그러나 중세 교회의 취향에 부응했던 목적론적 사고가 몸을 이해하는 중심으로 자리잡았다.

이 시각이 변화하게 된 것은 16세기에 들어서 해부학이 발달하면서부터이다. 1543년 베살리우스가 발표한 새로운 해부학은 체액의 혼합으로만 여기던 몸을 구체적 형태와 구조를 갖는 개체로 인식하도록 이끌었다. 몸속을 들여다보기 시작한 사람들은 질병 역시 몸의 구조 및 형태 변화와 관련되어 있다고 믿었다.

17세기 초 철학자 데카르트는 오늘날까지 서양의 몸에 대한 주된 관점인 심신이원론心身二元論을 성립하는 데 큰 역할을 했다. 그는 당시 자연과학적 발견들에 기초해 인간 역시 정신의 영역과 물질의 영역으로 나눌 수 있고, 물질의 영역인 몸은 인간의 탐구 대상이 될 수 있다고 생각했다. 이러한 생각은 인간의 몸이 온전히 신에 속한 것이라고 보았던 그간의 패러다임을 완전히 뒤바꾸는 것이었다.

데카르트는 인간의 몸은 선박과 같다고 보았다. 그러나 독실한 가톨릭 신자였던 그는 선박을 이끄는 선장 격인 정신(영혼)은 인간이 감히 건드릴 수 없는 신의 영역이라고 생각했다. 인간이 탐구할 수 있는 대상은 어디까지나 몸에 한정된다고 본 것이다. 데카르트의 심신이원론은 인간이 육체와 정신, 혹은 몸과 마음으로 구성된다는 서양의 이분법적 사고 틀을 뿌리내리게 하였다. 이제 인간의 몸은 마치 기계처럼 구조와 기능을 가지고 작동하는 물질의 복합체로 간주되었고, 자연과학적 탐구와 분석의 대상이 되었다.

이후 세균학, 분자생물학, 면역학 등등 의학 분과 학문의 발전 속에서, 서양에서 몸에 대한 인식은 좀 더 정교하고 복잡한 형태로 자리잡게 되었다. 오늘날 서양 세계에서 몸에 대한 인식은 어느 하나로 환원할 수 없을 만큼 여러 가지가 혼재되어 나타난다. 몸은 세균과의 싸움이 발생하는 전쟁터로 사고되기도 하고, 각종 건강식품과 의약품들이 소비되는 공간으로 인식되기도 한다. 또한 유전학과 면역학의 발전 속에서 인간의 몸은 고정체가 아니라 끊임없이 변화하고 새롭게 만들어지는 것으로 여겨지기도 한다. 뇌 분석을 통해 마음을 물질적으로 해명하려는 시도 속에서 심신이원론 자체가 흔들리고 있기도 하다.

반면 서양 세계와 달리, 전통적으로 동아시아 의학은 몸에 대해 다른 사고 틀을 형성해왔다. 특히 유일신 사상의 유무는 동서양의 차이를 발생시켰다. 유대-기독교의 유일신 사상은 서양 세계에 단 하나의 보편적인 진리가 존재하며, 학문은 그 진리에 대한 증거를 찾는 것이라고 강조해왔다. 그러나 동아시아에는 서양 세계에 상응하는 유일신 사

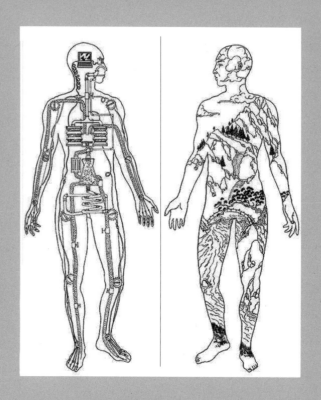

기계로서의 몸(서양)**과 정원으로서의 몸**(동양)

상이 존재하지 않는다. 서양 세계에서 인간의 존재 자체가 신의 의지가 반영된 산물이라면, 동아시아에서 인간의 존재는 그 자체로 자연의 부분이지 어떤 절대적 존재의 뜻이 아니기 때문이다.

마찬가지로 동아시아 의학에서도 몸은 자연의 일부분이자 자연 그 자체로 여겨져왔다. 사체액설에서 각각의 체액이 인간의 장기에 각각 대응하는 부분으로서 기능한다면, 동아시아에서 강조한 오행설은 다섯 가지의 원소가 등장하지만 상생과 상극을 통해 서로가 연결되어 있다고 본다. 서양의 몸 인식에서 분할된 구조와 기능이 강조된다면, 동아시아에서는 상호 연결과 상보적 효과가 중시된다.

게다가 동아시아 의학에서 몸은 마음과 완전히 분리된 영역으로 보지 않는다. 나아가 몸은 마음을 넘어 사회적 관계를 뜻하기도 한다. 우리가 '부모가 된 몸으로서'라고 표현할 때, 그 몸은 부모로서의 사회적 위치와 자격을 의미하는 것이지, 아이를 낳은 부모의 생물학적 신체만을 뜻하지 않기 때문이다. 이처럼 동아시아 의학은 몸을 마음과 사회, 자연과 우주를 통합하는 개방적인 체계로 보았다.

후기 근대성과 몸

이제 몸은 더 이상 의학자들만의 관심 대상이 아니다. 우선, 각 분야에서 1980년대 즈음부터 몸에 대한 학문적 관심이 높아져왔다. 그 이전에도 몸을 연구하는 학자가 없었던 것은 아니지만, 오늘날에는 의학이나 생물학 분야를 넘어서 사회과학 및 인문학 전반에 이르기까지 몸 연구가 활발하게 진행되고 있다. 또한 1980년대를 전후하여 몸에 대한 대중적 관심도 높아졌다. 다이어트와 피부 미용, 몸매 관리와 관련된 산업이 급속도로 부상했으며, 각종 대중매체에는 미용법과 성형수술뿐 아니라 '어떻게 하면 젊고 매력 있고 아름다운 몸을 가꿀 수 있는가'에 관심이 집중되어 있다.

그렇다면 어째서 1980년대부터 학문적이고 대중적인 몸에 관한 관심이 대대적으로 증가하게 되었을까? 이를 살펴보기 위해서 후기 근대라는 오늘날 사회의 특징에 대한 이해가 먼저 필요하다.

근대성은 학자에 따라 특성을 규정하는 방식이 상당히 다르다. 일반적으로 봉건시대 이후 20세기 유럽 산업사회를 중심으로 전 세계에 영향을 미치고 있는 사회생활과 조직의 양식을 일컫는다. 근대성의 대표적 특징으로는 종교적 영향력의 쇠퇴와 전문가들이 시민들의 몸에 행사하는 통제력이 증가한 것을 꼽을 수 있다. 중세 시대에만 해도 인간의 몸은 물론이거니와 삶 전반을 신의 의지를 대변하는 성직자의 가르침에 따라서 진행하면 된다고 생각되었다. 그러한 종교적 공동체 속에서 개인은 자신의 정체성을 확인받을 수 있었다.

그러나 중세의 몰락과 함께 기존의 종교 공동체가 가진 힘이 쇠퇴하면서 시민들의 몸과 정신은 이제 각자가 해결해야 할 과제로 등장하게 되었다. 한편으로 각종 상품이 즐비한 소비문화의 성장이 나타났고, 다른 한편으로 다양한 의료·심리·교육 전문가들이 등장하였다. 몸에 관한 관심이 전문가들을 중심으로 확대되면서 '어떻게 하면 더 건강하고 오래 생존할 수 있을 것인가', 그리고 '어떻게 하면 더 효율적으로 활용할 수 있는 몸을 만들 것인가' 등이 주된 관심사가 되었다.

후기 근대성은 이와 같은 근대성의 경향이 20세기 후반에 들어서면서 급진화되는 것을 일컫는다. 후기 근대성을 명명하는 방식은 학자에 따라 다른데, '위험사회'라는 개념으로 유명한 독일의 학자 울리히 벡Ulrich Beck은 이를 '제2근 대성'이라고 하고, 사회구조화 이론을 구축한 영국의 학자 앤서니 기든스Anthony Giddens는 이를 '고도 근대성'이라고 일 컫는다. 또 '유동하는 근대'라는 개념으로 현대 서구 사회 의 불안정한 삶을 설명한 폴란드의 사회학자 지그문트 바 우만Zygmunt Bauman은 이를 '액체 근대'라고 명명한다. 어떻게 명명하든지 간에, 20세기 후반이 되면서 시민들은 근대성 이 지니는 긍정적 측면뿐 아니라 부정적 측면을 인식하게 되었다. 또한 점점 의지할 대상이 없고 혼란스러운 자아를 평온하고 안정적으로 만들기 위해 자기 자신과 몸에 관한 질문을 본격적으로 하게 되었다.

후기 근대에는 몸에 대한 태도도 급진화되었다. 이전까 지만 해도 건강하고 오래 생존하며, 노동시장에서 더 효율 적으로 활용할 수 있는 몸을 만드는 데 관심사가 있었다. 반면 이제는 플라스틱처럼 각자의 욕망에 따라 몸의 변화 가 자유롭게 이루어질 수 있다는 환상과 가능성의 영역에 서 몸이 언급되고 있다. 생물학적 복제, 유전공학, 성형수 술 등과 같이 더 이상 몸은 신이 부여해준 고정불변의 형체 가 아니며, 개인이 개조하거나 얼마든지 취사선택할 수 있는 것으로 보인다. 물론 모든 사람이 이러한 선택을 내리는 것은 아니다. 백만장자와 빈곤에 허덕이는 사람이 자신의 몸에 투자할 수 있는 시간과 자본은 같을 수 없다. 그렇지만 적어도 오늘날 한 개인이 몸의 한계를 통제하고 변화시킬 가능성이 점차 커지고 있는 것은 분명하다.

이 상황 속에서 이른바 '몸 프로젝트'가 범람하고 있다. 이제 몸은 자신을 드러낼 수 있는 수단이자 자아의 정체성을 구성하는 재료로서, 어떻게 몸을 가꾸고 관리하느냐가 그 사람의 가치와 지위, 성향 등을 표현해주는 상징이 되고 있다. 이제 건강의 문제는 질병이 닥쳤을 때 다루어야 할 것이 아니다. 젊었을 때부터 노화의 속도를 조정하기 위해 성인병을 사전에 관리하고, 몸매를 가꾸고, 노후 건강을 위한 영양식품 섭취 등이 삶의 주된 관심사이자 자아를 드러내는 지표가 되어버린 것이다.

몸, 소비 사회의 아이콘이 되다

흔히 아름답다고 이야기하는 비너스상이 현대인의 기준에서 보면 이상적인 몸매보다 통통하다는 것을 알 수 있듯이 인류의 삶을 들여다보면 시대별, 지역별로 몸에 대한 인식

일상에서 쉽게 마주치는 다이어트 광고

이 상당히 다르다. 그렇기에 몸에 대한 인식은 역사적·사회적으로 구성된다고 이야기할 수 있다. 오늘날 한국 사회에서 몸은 어떤 가치를 의미하고 우리는 이를 어떻게 인식하고 있을까.

먼저 두 가지 광고를 살펴보자. 길거리나 휴대폰 등 일상에 흔히 마주치는 이미지이다. 만일 얼굴부터 발끝까지 예뻐지는 다이어트가 있다면 누구라도 하고 싶을 것이다. 언제부터 우리는 날씬한 몸매를 선호하게 되었을까? 남성의 복근이 돋보이는 사진에는 "새해 몸짱 프로젝트"라는 광고 문구가 적혀 있다. 한때 다이어트는 '날씬한 몸매', '잘록한 허리'로 대표되는 여성의 전유물로 여겨졌지만 우리 사회는 더 이상 다이어트를 여성만의 과업으로만 바라보지 않는다. 광고 문구는 남성들도 여성들이 훔쳐보고 싶은 몸, 여성들이 욕망할 만한 몸을 만들어야 한다고 이야기한다.

다른 사람들이 욕망할 법한 몸을 내가 갖지 못한다면 내 몸이 적절하거나 바람직한 몸이 아닌 것일까? 각종 매체에서 남성들이 단단한 근육질의 몸을 자랑하고 아이돌이 어여쁘게 등장하는 모습은 너무나 익숙하다. 오히려 그렇지 않다면 관리를 제대로 안 한다며 가십거리로 소비되거나 비난의 대상이 되기 쉽다. 이렇듯 미디어의 시선은 우리 사회에서 남성과 여성이 몸에 대해 인지하는 사고에 지대한 영향을 미치고 있다. 그런데 이러한 인식은 다이어트와 체형 관리에만 머물지 않는다.

"남자의 뱃살, 용서받는 시대는 지났습니다!"라는 카피의 광고 이미지를 보자. 이 광고는 지방흡입술을 통해 단지 뱃살을 빼는 것뿐 아니라 '남자의 복근'을 만들어준다고 선전하고 있다. 자극적으로 쓰인 광고 문구는 뱃살이 건강의 문제를 넘어 '용서받을 수 없는', '도덕적으로 문제 있는 사람'이라는 메시지로 우리의 사고를 이끈다. 마치 자신의 의

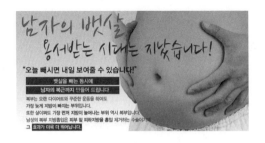

한국 사회의 '몸'에 대한 인식을 보여주는 각종 광고

지와는 관계없이 매일 야근과 술자리에 가야만 하는 입장
에 처한 사람이라 하더라도 뱃살이 많이 나온 사람은 자기
관리에 실패한 게으른 사람으로 취급받을 높은 것처럼 말
이다. 이렇듯 우리 몸은 이제 신체의 부분 하나하나가 모두
타인의 관심과 평가의 대상에서 벗어날 수 없게 되었다.

30대 남자 대학원생의 사례를 살펴보자. 그는 탈모로 인
한 스트레스가 심하다. 공부도 잘하고 신체도 건장하며 성
격도 좋지만, 자신의 탈모 때문에 여자 친구를 사귀는 일을
어려워한다. 심지어는 탈모로 인해 어딘지 떳떳하지 못하
고 항상 부끄러운 마음을 갖게 된다고 말할 정도다. 그에게
탈모는 심각한 콤플렉스다. "누구든지 제 머리카락에 대해
서 말하는 건 정말 싫어요. 아무리 탈모가 유전적 문제라고

하지만 요즘 세상에 탈모는 외적으로 볼 때 심각한 치부입니다."

한국은 후기 근대적 몸의 특징이 아주 강력하게 나타나고 있는 사회다. 남성, 여성의 구분 없이 모두가 자신을 적극적으로 관리하는 일을 중요하게 여긴다. 남성의 미용을 전문으로 하는 성형외과도 있으며, 심지어는 한의학에서도 '성형' 서비스를 위해 고객 유치에 심혈을 기울이고 있다. 얼굴, 체형, 머리 스타일은 물론 손톱, 발톱에 이르기까지 몸의 모든 부분에 타인의 시선이 샅샅이 닿는다. 신체가 대상화되면서 타인이 보기에 적절한 몸인지의 여부가 사람을 판단하는 중요한 기준이 되었다. 동시에 타인의 시선에서 자신을 타자화해 관리하는 것 자체를 스스로 자신을 사랑하는 방법으로 받아들이곤 한다. 이런 식으로 자신의 몸을 관리하는 것은 현대 사회에서 바람직한 모습처럼 보일 수도 있지만 때로는 타인의 관심과 기대에 부응하기 위해 병적으로 자신을 관리하고 스스로 자신을 옭아매며 고통을 주는 경우도 빈번하다.

체구가 큰 사람을 보고 무절제한 성향, 타락, 나약함, 게으름의 상징처럼 여기는 것은 '몸은 자아의 반영'이라는 사고가 투영되어 있다. 이러한 관점은 사실 모순적이다. SNS를 살펴보면 맛집 탐방이나 홈 파티를 하는 근사한 사진들이 즐비하다. 반면 날씬하고 마르고 근육질로 탄탄한 몸매가 돋보이는 사진들도 동시에 존재한다. 고단백, 고칼로리의 음식들을 마구 먹으라고 선전하고 자랑하면서 동시에 선망의 대상이 되는 몸을 요구하는 것이다.

한쪽에서는 '마음껏 먹고 마시고 즐기라'는 메시지를 전달하면서, 다른 한쪽에서는 '절제하고 자기 관리를 하라'는 메시지를 전달한다. 이렇게 이중적이고 모순적인 메시지의 홍수 속에서 많은 사람들이 종종 혼란에 빠져버린다. 느긋하게 파티를 즐기는 캐릭터이면서 동시에 스스로를 관리하고 날씬한 몸매가 되어야 된다는 요구를 개개인이 제대로 수행하지 못한다면 금세 뒤처지고 부족하며 게으른 존재가 되어버린다고 생각하기 쉽다. 이 경우가 심각해지면 자신이 문제가 있다고 느끼게 되며, 심지어는 자기혐오의 단계에까지 이를 수 있다.

때로는 사회가
몸의 질병을 만든다

록산 게이가 말하는 몸

미국의 작가 록산 게이^{Roxane Gay}는 아이티계 미국인으로, 부
모 세대가 중남미의 섬 아이티에서 미국으로 이주한 이민
자 2세대다. 풍족한 환경에서 좋은 교육을 받으며 성장했
다. 그녀는 체중이 많이 나갈 때 무려 200킬로그램이 넘게
나갔으며, 무려 195센티미터의 신장으로 체구가 크다. 국
내에는 『헝거^{Hunger}』라는 작품으로 알려졌는데 '헝거'는 우
리말로 '배고픔', '허기'라고 번역할 수 있다. 이 책은 록산
게이가 자신의 삶에서 느낀 허기에 대해 서술한 자전적 에
세이다.

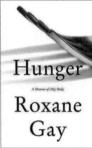

록산 게이는 자전적 고백을 통해 사회와 몸의 관계를 보여준다.[1]

우리는 일상의 어떤 부분에서 허기를 느낄까? 정말 배가 고파서 음식을 먹고 싶을 때 허기를 느낄 수도 있겠지만 허기는 단순히 물질적 결핍에서만 발생하지 않는다. 누군가에게 인정받고 사랑받고 싶은 욕망, 무엇인가 마음이 공허하고 헛헛할 때 또한 허기를 느낀다.

록산 게이는 어린 시절 주변 친구들에게 심각한 폭행을 경험했다. 남학생들에게 집단적으로 끔찍한 성폭행을 당했는데, 이때 '아, 내가 다른 사람에게 어떤 욕망의 대상이 된다는 것, 내 존재 자체가 관심을 끈다는 것이 폭행의 대상이 될 수 있구나'라는 깨달음을 얻었다고 한다. 그리고 '스스로를 없애고 싶다'는 생각과 더불어 '더 이상 다

른 사람의 욕망의 대상이 되고 싶지 않다'는 생각을 했다고
한다.

그 이후 록산 게이는 계속 음식을 탐하면서 자신의 몸집
을 불렸다. 자신의 몸이 다른 사람의 욕망의 대상이 되지
않도록 스스로 몸을 추하게 만들기 위해서 노력한 것이다.
그러다 어느 순간 통제할 수 없을 정도의 거구가 되었다는
것을 그녀 스스로 깨닫게 되었다. 가족들이 걱정하기 시작
했고, 그녀의 비만을 치료하기 위해 건강식품 복용을 권하
거나 병원을 데리고 가기도 했다. 하지만 어렸을 적 받았던
충격과 자신의 몸이 욕망의 대상이 되고 싶지 않다는 열망
은 자신의 몸을 더 작게 만들거나 아름답게 만드는 일을 계
속 거부하게 만들었다.

록산 게이는 거구의 몸으로 살아가면서 즐겁다거나 행
복한 경험은 겪지 않았더라도 새로운 일들을 많이 경험하
게 되었다고 말한다. 거구의 몸이 사회에서 어떻게 다루어
지는지 적나라하게 피부로 느낀 것이다. 예컨대 록산 게이
가 공항에서 비행기를 타려고 할 때 다른 사람들이 자신을
무시해도 된다는 듯이 물건이나 몸으로 자신을 툭툭 치고
가는 모습을 발견했다. 밥을 먹을 때도 자신을 흘깃흘깃 쳐

다보면서, "아니, 저 몸매에 많이도 먹네"라거나 "아니 저렇게 먹으니까 살이 찌지" 하면서 자신과 일면식도 없는 사람들이 함부로 말하는 것도 들었다. 심지어 비행기를 타면 다른 사람의 자리를 침해한 것이 아닌데도 불구하고 주변 사람들이 계속 불안해하는 모습을 느꼈다. '내가 저 사람 옆에 앉게 되면 어떡하지. 저 사람이 내 옆에 앉으면 나는 얼마나 비행기 타는 게 불편할까' 하고 생각하는 일을 록산 게이는 발견한 것이다.

이제 그녀는 비행기에서 두 자리를 예매하게 되었다. 그런데 막상 두 자리를 예매하고 나니까 또 다른 신기한 일이 벌어졌다. 비행기를 타서 두 자리를 여유 있게 사용하는 록산 게이의 바로 옆자리에 앉은 어떤 날씬한 여성이 록산 게이의 자리를 침해한 것이다. 날씬한 여성은 록산 게이의 자리에 아무렇지 않게 자신의 물건을 두었다. 록산 게이는 두 자리를 예매했음에도 불구하고 자신이 무시당하는 느낌을 받았다. 어째서 뚱뚱한 몸을 가진 자신이 타인에게 함부로 무시되며, 권리조차 인정받지 못하는지 의아해할 수밖에 없었다.

이 불쾌한 경험은 공항에서만 발생하는 것이 아니었다.

그녀는 핑크색 블라우스를 입고 싶고, 드레스도 입고 싶지만, 쉽사리 그것을 선택하지 못하는 자신의 모습을 인식했다. '내가 만약에 이것을 입으면 사람들이 어떻게 손가락질할까?' 혹은 '아니 저 사람은 저런 몸매에 어떻게 저렇게 어울리지 않는 옷을 입을 수가 있어?' 하는 타인들의 시선이 예쁜 옷을 입고 싶은 록산 게이의 욕망을 앞섰기 때문이다. 그녀는 어느새 자신의 차림새가 밋밋한 청바지와 티셔츠만으로 굳어진 것을 알게 된다.

록산 게이는 자신의 몸을 날씬하게 만들기 위해 식이요법과 운동을 열심히 하기 시작했다. 이 과정에서 주변 사람들은 그녀를 보고 이야기한다. "록산 게이 잘하고 있어. 조금만 더 힘을 내. 조금만 더 하면 넌 드디어 100킬로그램이 될 수 있어." "너는 그 음식을 먹으면 안 돼. 그 식이요법은 잘못됐어. 그러니까 이거를 해." "너 그 옷보다는 이 옷을 입어." 록산 게이에게 쏟아진 원치 않는 격려와 충고는 그녀 스스로가 몸을 가꾸는 일에 방해가 되고 그녀를 더 슬프게 만들었다. 결국 록산 게이는 또 다른 문제에 직면하게 되는데, 바로 폭식증이었다. 한꺼번에 많이 먹은 뒤 그것을 다 토해내는, 일종의 섭식장애를 얻게 된 것이다.

록산 게이의 사례를 살펴보면 사회문화적 배경과 심리적 문제로 인해 '신체화 장애'를 겪게 되는 것을 볼 수 있다. 자신의 허기를 채우기 위해, 다른 사람에게 인정받고자 노력했지만 끝내 그 허기를 충족하지 못해 결국에는 자기혐오에 이르는 자기 자신을 발견한 사례는 결코 특별한 경우가 아니다. 이 같은 록산 게이의 자전적 고백은 사회가 바라보는 몸에 대한 시선이 얼마나 개인의 삶과 밀접하게 관련되어 있는지 나타낸다. 몸을 바라보는 관점과 인식에 따라서 자신의 몸에 대한 대우와 삶에 대한 가치 판단이 달라지는 것이다.

몸의 고통은 어디에서 오는가

사회가 우리 몸을 관리하라는 요구가 지나치면 이는 몸에 관한 혐오나 고통으로 이어질 수 있다. 앞서 록산 게이의 사례에서도 등장했듯이, 대표적으로 거식증이나 폭식증 같은 신체적 장애가 그러하다. 거식증은 장기간 음식을 먹지 않거나 음식 섭취를 극도로 줄여서 몸을 최대한 가볍게 만들고자 하는 증상으로서, 현대 사회에 나타난 질병이다.

현대 사회는 개인에게 자기의 몸을 보기 좋게 관리하라

거식증은 자기혐오의 고통을 보여주는 대표적 질병이다.[2]

고 요구한다. 몸 관리는 곧 그 사람의 자아 정체성을 구성하는 중요한 요소가 된다. 우리 몸은 항상 다른 사람들의 시선에 노출되어 있고, 끊임없이 평가받으며 그러한 불편함 속에서 '내 몸이 내 것이 아닌 상황'에 직면하도록 만든다. 즉 과거에는 존재하지 않았지만, 현대 사회는 개개인에게 이상적인 몸의 잣대를 부여하고 관리의 필요성을 인식시키며, 그러한 규범을 따르지 않으면 (사회가 인정하는) 정상적인 사람이 아니라고 암묵적으로 강제하고 있는 것이다.

현재 한국에서도 거식증 환자가 늘어나는 추세다. 매년

1만 5천 명 이상의 섭식장애 환자가 나타나고 있으며, 그 가운데 거식증 환자도 상당수다. 특히 거식증 환자의 80퍼센트는 여성으로, 대부분이 20, 30대이다. 20, 30대 여성이 이 증상에 몰려 있다는 사실은 무엇을 의미하는 것일까? 특정한 계층, 즉 젊은 여성에게 우리 사회가 날씬한 몸을 요구하는 분위기를 강요하고 있는 것은 아닐까?

수많은 통계와 자료는 사회의 몸에 대한 시선과 인식이 어떻게 개인에게 고통을 주는지 생각하게끔 만든다. 2010년부터 2020년까지 한국의 우울증 환자에 대한 그래프를 살펴보자. 우울증 환자가 2010년도에 약 64만 명이었다면 2020년도에는 약 101만 명으로 지난 10년간 한국 사회에서 우울증 환자가 급증한 것을 알 수 있다. 이 그래프는 두 가지 요소가 함께 작용한 결과로 해석할 수 있다. 하나는 우울을 겪는 사람들이 이 기간에 실제로 늘었다는 것이고, 다른 하나는 우울증에 대한 편견이 줄어들면서 우울증 치료를 받는 사람이 증가했다는 사실이다.

예전에는 사회 전반적으로 우울증이라면 쉬쉬하는 분위기가 만연했다. 집안에서도 "네가 우울증이라고 알려지면 우리 집안의 평판이 나빠진다"라며 비밀로 치부하고 환

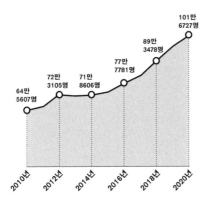

64만
5607명

72만
3105명

71만
8606명

77만
7781명

89만
3478명

101만
6727명

2010년 2012년 2014년 2016년 2018년 2020년

2010년부터 2020년까지 한국의 연도별 우울증 환자 추이[3]

자가 병원에 가는 것을 상당히 꺼렸다. 심지어 가족 중에 정신질환을 겪는 사람이 있으면, 혼인이 거부당하기도 했다. 하지만 오늘날에는 정신질환에 대한 편견이 줄어들고 정신질환 치료에 대해서도 사회적으로 상당히 관용적이고 개방적으로 바라보는 인식이 조성되고 있다. 우울증에 걸린 사람들이 병원에 찾는 빈도가 높아졌으며, 일상적으로도 자신이 우울증으로 고통받는다는 사실을 공개적으로 말하는 사람도 적지 않다. 따라서 그래프에서 우울증 환자가 점차 늘어난 한 가지 이유는 우울증 환자에 대한 사회적 개방성이 증가했기 때문이라고 할 수 있다.

하지만 우울증 환자가 증가한다는 사실이 정신질환에 대한 사회적 개방성만을 의미하지 않는다. 실제로 개인적이고 환경적인 우울증의 요인이 늘어나고 있다는 것을 의미한다. 이는 무엇보다 '생존' 조건의 향상과 '생활'의 풍요가 결코 물질적으로 측정될 수 없으며, 오히려 정신적인 고통을 더 심각하게 느끼도록 한다는 것을 드러낸다.

전 사회적 수준에서 물질적 풍요가 늘어나고 있음에도 불구하고, 개인이 느끼는 물질적 풍요에는 한계가 있다. 오히려 물질적으로 더 심각한 곤란을 느끼기도 한다. 단적인 예로 예전에는 스마트폰이 없어도 잘 살았지만, 지금은 스마트폰이 없으면 주변과 어울리지 못하는 '이상한' 사람이 되고 만다. 스마트폰 가격뿐 아니라 스마트폰을 다달이 유지하기 위한 비용도 적지 않고 이마저도 모두가 타인과 연결되어 있다는 소속감 때문에 비용을 감당하고 있는 것 같다. 이처럼 객관적 지표로 볼 수 있는 물질 그 자체가 우리 삶을 편안하게 만들어주는 것은 아니다.

삶은 물질적인 측면으로만 구성되지 않는다. 정신적 영역, 관계적 영역, 역사적 경험의 축적 등 다양한 영역의 혼합으로 이루어진다. 오늘날 우울증은 뇌 안의 신경전달물질 체계의 이상이라고 이해되기도 하지만, 세로토닌과 같은 신경전달물질의 투여를 통해 우울증의 증상이 약화될 수 있다고 보기 때문에 우울증의 원인을 신경전달물질만의 문제라고 할 수 없다. 우울증은 다양한 요인들에 의해서 발생할 수 있는 결과이다. 생물학적이거나 유전적 요인 외에도 아동기의 경험이라든지, 스트레스, 성격적 특성, 경제적 곤란, 대인관계 문제 등 여러 상황이 우울증을 발병시킬 수 있다.

현재 우리 사회의 양상은 많은 사람이 우울증에 더 취약하도록 몰아가고 있다. 격렬한 사회적 적대감으로 집단 간에는 소통이 어렵고, 인터넷이 조장하는 과도한 자극이라든지, 성적 대상화, 어렸을 때부터 시작되는 극심한 경쟁 구도, 명예퇴직의 압박, 학자금의 중압감, 치솟는 주거비와 생활비의 증가, 가족 돌봄의 부담 등 생의 단계는 물론 일상에서 마주하는 갖가지 사건들이 우리의 삶을 점차 견디기 어렵게 만들고 있다. 이러한 상황은 사람들이 미래를 불확실하고 불안하게 바라보게 만든다.

코로나19와 20대 여성의 자살률

현재 한국의 자살률과 우울증 유병률은 OECD 국가 중 1위이다. 한국인은 왜 이토록 자살과 우울증으로 고통받고 있는 것일까? 특히, 코로나19가 시작된 2020년과 2021년의 자살률을 살펴보면 20대와 30대 초반 여성의 자살률이 급증했다. 어째서 특정 계층의 자살률이 갑자기 증가했을까? 이는 독특한 사회현상으로 주목할 만하다.

코로나19 확산 이후 서울시 자살예방센터에서는 20대 여성들의 자살에 대한 연구를 진행했다. 서울시 자살예방센터에 따르면 코로나19가 시작되면서 20대 여성의 자살률이 급증했다고 한다. 해당 연구를 담당하면서 20대 여성의 초점 집단 연구를 수행했다. 초점 집단 연구는 7~9명 정도의 사람들을 대상으로 집단 토론을 하듯이 함께 이야기를 나누고 각자의 생각을 들어보는 방식이다. 이 연구를 통해 발견한 사실들은 다음과 같다.

먼저 20대 여성은 대체로 대면 모임을 통해 자신의 휴식이나 즐거움을 찾는 경향이 높다는 것이다. 여가를 보내거나 취미생활을 할 때 혼자 하는 것이 아니라 타인과 함께 만나 담소를 나누거나 같이 음식을 먹는 등 대면 모임을 하는 경우가 빈번했다. 대면 관계를 통해 의미를 찾는 경향이 뚜렷한 집단인 것이다. 따라서 코로나19로 인한 사회적 만남의 부재는 20대 여성에게 외로움과 우울함을 특별히 가중하는 요인이 될 수 있었다.

두 번째로는 코로나19가 자살의 결정적 요인이기보다는 자살을 일으킨 방아쇠가 되었다는 것이다. 초점 집단 면담에 따르면, 20대 여성은 성장기 학업에 대한 압박, 부모의 기대를 만족하기 위한 고충, 친구들 사이에서의 갈등과 소외로 인한 상처 등이 누적된 상태가 많았다. 우울과 자살 충동 등이 내재되어온 상태에서 코로나19가 고립감과 불안함이 가중시켰고 자살의 계기로 영향을 미친 것이다.

세 번째, 20대 여성의 자살률 증가는 불투명한 미래와 위험한 현실에 대한 절망감과 관련이 있다는 것이다. 학교나 가정에서 경험한 성평등과 달리, 20대가 되어 사회에 진입하면서 남녀에 대한 의식이 다름을 피부로 직접 느끼게 된다. 예를 들어 '남자들에 비해서 여자들은 이렇게 월급이 적구나. 남녀가 똑같은 능력이 있다고 해도 기회가 공평하게 주어지지 않는구나', '여성이 승진을 하기 위해서는 더 어려운 과정을 겪어야 하는구나' 등 현실 사회가 남성 중심적이라는 것을 비로소 알게 된다. 20대, 30대 초반 여성의 이러한 경험들이 미래는 불확실하며 여성으로 산다는 것의 회의, 세상에 대한 절망을 느끼는 배경이 된다.

특히 2016년의 강남역 살인 사건과 같이 '여성이 안전하지 못한 세상'이라는 메시지를 안기는 혐오 범죄는 여성으로서 살아가는 것에 대한 위협, 불안, 삶이 무의미하다는 인식을 심어주었다. 위험한 현실과 불안한 미래에 대한 인식은 절망감을 형성하고 삶의 의미가 없다는 생각을 야기시켜 자살률 증가로 이어질 수 있다.

자살의 주된 이유라고 할 수는 없지만 20, 30대 여성이 경험하는 우울 및 불안과 관련해서 주목할 만한 한 가지 사실은 SNS를 통해 경험하는 타인의 몸 이미지나 일상생활의 장면들이 우울의 직접적인 원인이 되곤 한다는 것이다. '몸 프로젝트'가 일상화되고, 너나 할 것 없이 사람들이 자신의 몸을 가꾸기 위해 시간과 노력을 들이는 것은 그렇다고 쳐도, 문제는 그것이 어느덧 사회 규범처럼 되어버렸다는 데 있다. 우리 사회는 이상적인 몸의 기준이 끊임없이 갱신되며, 그에 맞춰서 자신의 몸을 맞추지 않으면 실패감이나 좌절감을 경험하기가 쉬운 환경이 되어가고 있다.

내 몸의 주체를 되찾는
자기 돌봄의 철학

신체와 권력, 시선과 감시

지금까지 다이어트 문제에서부터 폭식증, 거식증, 우울, 불안, 그리고 자살에 이르기까지 사회와 몸이 상호 관련되는 여러 사례를 살펴보았다. 사회가 개인에게 어떠한 삶을 기대하고, 어떠한 몸을 기대하느냐에 따라 한 사람의 삶 자체가 달라진다는 사실을 알 수 있었다.

인류학에서 몸과 사회에 관한 연구는 1930년대부터 진행되어왔다. 대표적으로 프랑스의 학자인 마르셀 모스[Marcel Mauss]는 '몸 테크닉'이라는 용어를 사용하여, 몸의 움직임을 습득하는 방식이 사회, 교육, 관습, 유행, 명예에 따라 다르다는 것을 보여주었다. '몸 테크닉'이 어떻게 사회와 그 사람의 배경에 따라 다른가는 사람들의 걷는 모습을 떠올려 보면 된다. 예를 들어 군인과 성직자, 뉴질랜드의 마오리족이 걷는 모습은 모두 다르다. 또한, 중년의 아저씨가 걷는 모습과 학교에 가는 여자 어린아이가 걷는 모습이 다르다. 이처럼 제각각 다른 '몸 테크닉'을 갖게 되는 것은 그 사회에서 몸을 사용하는 방식에 대한 기준이 다르기 때문이다. 한 사회에 살아가는 사람들은 자신의 성별, 연령, 직업, 위계 등에 따라 다른 방식의 테크닉을 모방과 학습을 통해 배우고 몸에 장착한다.

몸은 우리에게 단지 테크닉으로서뿐만 아니라 상징으로서 중요한 함의를 갖는다. 몸의 일부 중 어떠한 것은 깨끗하다고 여기는 반면에 어떠한 것은 불결하다고 여긴다. 예컨대 몸에서 나오는 혈액, 정액, 침, 소변, 대변 등은 몸 안에 있을 때는 더럽다고 여기지 않지만, 몸 바깥으로 빠져나오는 순간 불결하고 심지어 만져서는 안 되는 위험한 것으로 받아들인다. 이처럼 몸이라는 경계를 둘러싸고 무엇이 깨끗하고 불결한 것인지 받아들이는 기준은 사회적 인식으로 인해 구성된 것이다.

몸과 타인의 시선에 대한 사회적 현상은 프랑스의 역사

학자이자 철학자인 미셸 푸코Michel Foucault의 '규율 권력'이라는 개념을 통해 설명할 수 있다. 규율 권력은 왕이 국가를 통치하던 시절에 존재했던 군주의 권력과 달리 개인의 신체, 몸짓, 시간, 품행을 총체적으로 포획하는 권력으로 일종의 미시 권력을 뜻한다.

간단한 예를 들어보자. 근대 이전의 봉건시대에는 군인을 선발하려고 할 때, 남들보다 신체 능력이 뛰어난 사람들을 뽑았다. 돌을 멀리 던질 수 있거나 남들보다 힘이 굉장히 센 사람들을 각 지역에서 각출해 군인으로 만드는 식이었다. 기본적으로 능력과 자질이 있는 사람들을 선출한 것이다. 하지만 오늘날 군인을 뽑기 위해서는 어떤 사람이든 크게 상관이 없다. "어떠한 자세를 취하면 더 총을 잘 쏠 수가 있어. 이렇게 달리면 더 잘 달릴 수 있지. 몸을 어떠한 방식으로 움직이면 훨씬 더 잘 방어할 수 있어" 하고 가르치는 것처럼 군인이 되고 싶은 사람에게 그 방법을 익히게 하면 된다. 선천적 자질보다 군인이 되고자 한다면 그 사람에게 끊임없는 훈련과 규율을 통해 군인이 되게끔 만드는 것이다. 이렇게 규율과 훈련을 통해서 또 그 사람이 스스로 관리하고 규율할 수 있는 정도에 이르게 되면 선천적 자질이나 특성과 상관없이 군인으로 만들어질 수 있다.

또한 근대 이전에는 국왕에 반대하는 사람이나 범죄자를 처벌할 때 교수형이나 화형처럼 직접 그 사람의 몸을 해치는 방식으로 신체형을 가했다. 그러나 18세기를 전후하여 범죄자들은 신체형 대신에 감옥에 수감하여 잘못을 교정하고, 감시 속에 규율을 부여하며 태도를 변화하는 방식으로 처벌이 바뀌었다. 이러한 변화는 언뜻 보기에는 처벌이 순화된 것으로 보일 수 있다. 그러나 푸코는 그렇게 보지 않았다. 오히려 감시와 규율의 내면화를 통해 국가의 통치 권력이 점점 더 우리 자신의 몸속에 체화되도록 만듦으로써, 권력이 미시화되고 스스로 자기 감시와 규율을 하도록 내면화되었음을 강조하였다.

이러한 규율 권력이 잘 드러난 공간 형태가 바로 판옵티콘이다. 판옵티콘은 1791년 영국의 제레미 벤담이 죄수들을 효과적으로 감시하기 위한 공간으로 제안한 감옥 건축 양식이다. 이 감옥 구조를 보면, 가운데 높은 감시탑이 서 있고, 감시탑에서 감시자는 원형으로 구성된 각 감옥 방에 있는 사람들을 360도로 감시할 수 있게 된다. 그런데 만일 그 감시탑에 감시자가 없다면 어떨까? 죄수들은 설령 감시

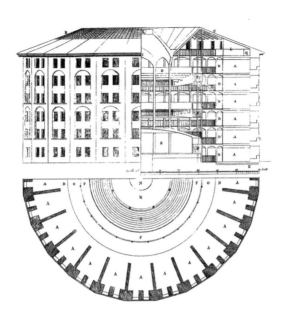

벤담의 판옵티콘 설계도

자가 없다고 하더라도, 가운데 높이 솟은 감시탑이 존재하는 한 그 안에서 자신들을 감시한다고 생각하여 스스로 행동을 조심하게 된다. 벤담이 제안한 감옥 구조는 가장 최소한의 비용을 들여 죄수들을 가장 효과적으로 감시하는 방법이었다. 이처럼 근대 이후의 권력은 직접 통치나 신체형을 가하지 않고도, 보이지 않는 권력을 스스로 내면화하여 순종하도록 하는 형태를 취하게 된 것이다.

미시 권력 체계는 근대 사회 권력의 특징으로, 현재에 이르러서도 여전히 지속되고 있다. 미세한 몸짓, 특정한 말투, 신체 등 우리의 모습은 결국 스스로 규율하고 감시하는 체제 속에 놓인다. 이것은 외부의 강제나 억압에 의해 이루어지는 것이 아니라 사회의 각 제도에 자연스럽게 녹아들어가 사람들이 교육을 받고 사회화되는 과정에서 자연스럽게 스스로 내면화하게 된다. 학교나 가정에서의 교육, 종교나 주변 환경에서의 교류 등을 비롯해 사람들 간의 크고 작은 만남을 통해 사회 구성원은 알게 모르게 사회화 과정을 거치고 그 속에서 규율을 학습하게 된다. 이 과정에서 사람들은 감시자의 시선을 받아들여 스스로를 감시한다. 감시의 주체가 외부의 시선이 아니라 자기 자신이 된다. 강제나 억압을 통해 이루어지는 것이 아닌 사회제도 속에 자연스럽게 스스로가 감시의 주체가 되는 것이다.

가령 뚱뚱한 몸 때문에 콤플렉스가 있는 사람은 사회가 자신을 향해 손가락질하는 시선을 느낄 수도 있지만, 동시에 자기 스스로 몸이 이 사회에서 바람직하지 못하다고 느끼기 때문에 위축되며 자신의 몸에 대해 불안한 마음을 가질 수 있다. 심지어 다른 사람이 그에게 어떠한 비판이나 지적을 하지 않더라도 자기혐오의 태도로 끊임없이 스스로를 감시하는 눈을 갖게 될 수 있는데, 이것이 바로 미시적으로 일어나는 규율 권력이다.

규율 권력 개념은 권력에 대한 통상적 관점을 무너뜨린다. 일반적으로 우리는 권력을 공적 영역에서 작동하는 것으로 이해한다. 곧 청와대나 의회, 행정부, 대법원 같은 곳이야말로 권력이 존재하는 곳이고, 권력 투쟁이 이루어지는 장소라고 생각한다. 반면 푸코는 근대 이후 권력이 작동하는 실제 영역은 감옥과 병원, 학교, 가정, 군대, 공장과 같은 장소라고 주장한다. 이 영역에서야말로 개인들이 특정한 신체로서 훈련되고 제조되기 때문이다. 규율 권력은 궁극적으로 체제에 복종하고 훈련된 신체, 즉 순종하는 신체를 만들어낸다. 이렇게 만들어진 신체는 한편으로 경제적으로 효용을 높일 수 있는 몸이 되며, 정치적으로는 체제에 반항하지 않는 순응하는 몸이 된다.

타자의 욕망을 욕망하는 인간

프랑스의 정신분석학자이며 정신과 의사였던 자크 라

캉^Jacques Lacan 은 프로이트의 계승자로 알려져 있다. 그는 400여 명의 환자와 상담을 통해 인간의 욕망을 분석하는 이론을 정리하였다. 인간은 자신의 모습을 직접 볼 수 없으며, 유일하게 보는 방법은 거울을 통해서만 가능하다. 그러나 우리가 거울에서 보는 모습은 나의 반사된 모습일 뿐 진정한 내 자신의 모습은 아니다. 그저 나를 비추는 허상에 불과한 것이다. 그렇지만 우리는 거울을 통해서만 나를 볼 수 있기에, 결국 나라는 존재는 타인의 눈에 비추어진 나의 모습으로 규정된다.

라캉은 모든 욕망은 타자의 욕망이라고 말했다. 그것은 무슨 뜻일까. 우리는 무엇인가를 욕망하면서 살아간다. 그것이 생리적 욕구이건 물질적인 것이든 정신적인 것이든, 항상 무엇인가를 욕망하면서 살아간다. 그런데 이 욕망이 나의 욕망이 아니라 타자의 욕망이라고 자크 라캉은 말한다. 자신이 욕망하는 것처럼 생각하지만, 사실 그 욕망은 다른 사람이 자신에게 바라는 욕망이라는 것이다.

인간은 타자가 욕망하는 대상이 되기를 원한다. 자신을 타자가 욕망하는 미끼로서 제공하기를 원한다. 인간은 타자의 성적 욕망이 되기를 원하며 또한 인정받기를 원한다.

그리고 때로는 사랑의 대상이 되기를 원한다.

인간의 욕망은 타자의 욕망 속에서 형성된다. 인간의 욕망은 빈 공간에서 생겨나는 것이 아니다. 인간이 태어나서 처음으로 만나는 타자는 부모이다. 따라서 어린아이의 욕망은 부모의 욕망 속에서 형성된다. 부모가 아이를 어떻게 욕망하는지, 아이에게 무엇을 욕망하는지가 바로 아이와 부모와의 관계를 형성하는 것이다. 이렇듯 욕망은 타자와의 관계 속에서 형성되는 것이기 때문에 욕망의 완벽한 충족은 이루어질 수 없다.

좀 더 쉽게 예를 들어보자. 아기는 배가 고플 때 젖을 찾는다. 그 젖을 주는 사람은 엄마라는 존재이다. 아이는 모유를 먹기 위해서 처음에는 엄마를 향해 떼를 쓰고 울 것이다. 그러다가 자라면서 눈치가 조금씩 발달하게 되면, 자신이 원하는 것을 얻기 위해서 엄마가 바라는 행동을 하게 된다. 웃기도 하고 애교를 부리기도 한다. 아이가 세상을 알게 되는 순간부터 욕망을 채워줄 대상의 마음에 들어야 자신의 욕망을 채울 수 있다는 생존 본능을 터득하게 되는 것이다. 우리 자신의 성장기를 가만히 되돌아보면 대부분의 사람들은 부모님의 기대, 선생님의 기대, 세상의 기대 등 사회의 기대치에 부응하기 위해서 많은 노력을 기울이면서 살아왔다. 학교에서는 선생님의 욕망에 부응하기 위해 노력하고, 가정에서는 부모님의 욕망에 부응하고 직장에서는 직장 상사의 욕망에 부응해야 한다는 것을 자신도 모르게 체득하면서 살아왔다.

이것을 라캉은 상징계 속에서 '~됨'으로 나아가는 과정이라고 말한다. 언어를 사용함으로써 기존 문화 구조 안에 인간이 속하도록 하는 과정으로 무의식적 차원에서 보자면, 어머니를 욕망하지만 거세에 대한 두려움 때문에 아버지의 금지 명령을 받아들이는 과정이라고 할 수 있다. 이러한 상징계에 갇힌 상태에서 이제 인간은 타인의 욕망을 욕망할 수밖에 없다. 순수하게 자신의 내면적 의지를 표현하는 것처럼 보이지만, 인간의 욕망이란 타자에게 인정받기 위해 타자가 욕망하는 것을 욕망하는 것일 뿐이다.

인간은 욕망을 갖고 욕망 때문에 살아간다. 희망이라는 것도 자신의 미래에 대한 욕망의 하나이다. 그렇다면 욕망이야말로 진실로 자신의 욕망이어야 한다. 그런데 만일 욕망이라는 것이 자신의 욕망이 아니라 타자가 자신에게 바라는 욕망이라면, 내가 진정 내 인생을 산다고 말할 수 있을까? 혹시 나는 타자가 바라는 인생을 대신 살고 있는 것은 아닐까? 타자의 욕망과 내 욕망을 구분해 알 수 있는 방법은 무엇일까?

자크 라캉은 자신이 욕망하는 것이 진실로 스스로 소망하는 것인지 소망하지 않는 것인지를 알기 위해서, 주체는 다시 태어날 수 있어야 한다고 말한다. 물론 그 과정은 결코 쉽지 않을 것이다. 우리는 이미 자신의 욕망을 타자의 욕망에 부응하는 것으로 맞추는 데 익숙해져 있기 때문이다. 그러나 라캉이 말하듯 타자의 욕망에 부응하는 것이 아닌 자신의 욕망하는 것을 욕망할 수 있는 주체로서 새롭게 정립해 나간다면, 다시 말해 실재계로서의 탈주를 이룰 수 있다면, 그것은 우리 삶이 소외되지 않기 위한 매우 중요한 작업이 될 수 있다.

새로운 자기 돌봄의 철학

오늘날 우리 각자의 몸은 더 이상 온전히 자기 자신이 주체가 되기 어렵다. 몸은 어느새 나 자신의 통제력을 벗어나 타인과 사회의 통제 속에 놓인다. 개인은 학교와 회사, 사회의 요구에 따라 무력해진다. 경우에 따라서는 자신의 몸을 스스로 통제하기 위한 방법으로 문신을 하거나 자해를 하거나 폭식증이나 거식증과 같이 고통을 주기도 한다. 거식증을 겪고 있는 사람들이 주변의 어느 무엇도 스스로 통제할 수 없지만 자기 몸을 통제할 수 있다는 것 자체에는 만족감을 느끼는 것도 그러한 까닭이다.

사회가 원하는 몸을 가져야 한다는 것은 사회적 관습에 따라 어렸을 때부터 공공연하게 학습되고 있다. "어떻게 여자애가 이러고 다니니?" 혹은 "남자애가 그러면 안 되지"와 같은 일상 언어를 비롯해 성형, 건강식품, 다이어트 광고와 같은 미디어를 통해서 누구나 사회의 시선에 적합한 몸을 가져야 한다는 인식이 내재된 것이다. 어떠한 몸매를 가져야 하는지, 키는 얼마나 커야 하는지, 피부색은 어때야 하는지, 또 머리숱은 얼마나 많아야 하는지 등 잘 생각해보면 우리 몸에 대한 사회적 요구는 아주 세세하고 다양하게 존재한다. 더욱이 오늘날에는 신체를 변형하는 기술이 발달했기 때문에 여러 가지 시술과 수술, 약품을 통해 자신이 원하는 모습을 갖출 수 있다.

최근 SNS에서 '바디 프로필' 촬영을 위한 몸 만들기가 유행하고 있다. 이는 자신을 사랑하는 방법이 곧 예쁘고 멋진 몸을 가꾸는 것이며, 극단의 몸매 관리와 전시를 통해 자기 자신의 만족을 취하는 사람이 늘어나고 있는 사회적 현상을 단적으로 보여준다. 그런데 과연 그 자체가 오롯이 자신을 사랑하는 진정한 방법인지 고민하게 된다. 이처럼 몸매 관리와 전시를 수행하는 사람은 타인의 부러움을 받으며 어떤 기쁨을 느낄지 모르지만, 이때의 부러움이 과연 자기 자신의 욕망으로부터 나오는 부러움인지 생각해볼 필요가 있다. 타인에게 선망의 대상이 되기 위해 내가 어떠한 몸을 만들어야 한다면, 그 역시 타인의 욕망을 욕망하는 나의 왜곡된 모습이 아닐까?

오히려 지금 우리에게 필요한 것은 새로운 자기 돌봄의 철학이다. 타인의 욕망, 타인의 시선에 의해서 나 자신을 바라보는 것이 아니라 자신의 자유의지로 마음이 가는 대로, 저마다 건강과 행복에 대한 다양한 가치와 모양을 꿈꿀 수 있는 모습으로 말이다. 타인의 욕망에 따라 나의 신체를 규제하고 규율하는 방식의 삶은 한순간의 만족을 불러일으킬지는 모르지만, 결국 그들의 욕망에 순응하는 방식에 불과하다. 결국 내 몸을 세상의 시선에 예속되게 만드는 것이며, 진정한 자유로운 삶과는 거리가 먼 것이다.

극단적인 다이어트와 운동을 통해 몸매를 가꾸고 SNS에 몸에 대한 사진을 올렸다고 하자. 만일 그 행위가 이전의 나보다 더 자유로운 자신을 만드는 데 도움을 주었다면 그 행위는 잘못된 것이 아닐 것이다. 내게 자유 증진이라는 이득을 주었으니 말이다. 그런데 만일 그 행위가 나를 더 극단적인 훈련으로 치닫게 하고, 이 몸매를 계속 유지할 수 있을지 불안하게 만든다면 어떻게 해야 할까? 나 자신이 생각하는 아름다움의 기준이 아니라 그저 세상의 기준을 따라서 이루어진 것이라면, 나는 알게 모르게 스스로를 소외시키고 있는 것일지도 모르겠다. 나에게도 이득이 되지 않으며 단지 세상에서 말하는 기준을 채우는 데 자신을 소모했을 수 있다. 그러한 기준을 통해서 이익을 얻는 대상은 우리 자신이 아니라 헬스산업이나 미용산업 등 바디 관련 기업체일 것이다.

현재 우리 사회에서 헬스, 뷰티, 건강 업계는 물론 미디어는 사회적 요구에 자신의 몸을 맞추는 것이 마치 자기 자신을 사랑하고 돌보는 행위인 양 착각하도록 만드는 데 앞장서고 있다. 우리가 자신의 몸을 과거와 달리 변경 가능한 대상으로서 바라보게 된 것은 하나의 진보일 수 있지만, 그 변화의 방향이 사회적 요구를 일방적으로 따르는 것이라면 이를 과연 진정한 자기 돌봄이라고 할 수 있을까. 오히려 사회적 요구에 맞추지 못할 때 좌절하거나 우울감에 빠지며, 그러한 기준에 도달하지 못하는 사람에 대해서 경멸이나 혐오의 시선을 내비친다면 바람직한 태도라고 할 수 없을 것이다.

자기 돌봄이란 외부의 요구에 일방적으로 따르는 것이 아니다. 나 자신에게 무엇이 필요한지를 잘 숙고한 뒤 스스로를 더 자유롭게 하고 더 행복감을 주는 방식이어야 한다. 자신을 불안하게 하고 삶에 족쇄를 채우는 방식이라면 결코 그것을 자기 돌봄이라고 할 수 없다.

몸에 대한 억압이 온라인 환경에서 더 폭
력적으로 나타나는 이유는 무엇인가?

온라인 환경에서 몸에 대한 억압이라고 한다면,
여러 가지를 생각해볼 수 있다. 가령 자신의 몸매
를 자랑하기 위해 SNS에 게재하는 사람들을 수
시로 발견할 수 있을 것이다. 이러한 사진이나 영
상은 그 자체로 이미지로서 갖는 힘이 있다. 우리
가 일상생활에서 대면해서 만나는 사람들은 SNS
의 이미지처럼 선명하게 다가오지는 않는다. 환
경, 장소와 같은 상황적 맥락과 만나는 사람의 목

소리, 표정, 말투 등 여러 가지를 복합적으로 인식하게 되니 말이다. 그렇지만 온라인 환경에서 이미지로 접하는 몸은 다른 부분들은 전부 제외된 채 몸 자체의 물질성만을 선명하게 부각한다. 그러다 보니 몸이 주는 메시지에 대한 각인이 더 분명하게 이루어진다.

폭력적 성격은 온라인상에 적힌 댓글을 보면 더 분명히 드러난다. 찬사들도 많지만, 가히 폭력적이라고 할 수 있는 비난이나 비아냥, 그리고 욕설을 쉽게 찾아볼 수 있다. 이는 오늘날 우리의 몸과 관련된 두 가지 측면을 드러내준다고 생각한다.

먼저 몸 이미지는 어느새 하나의 상품이 되었다. 타인이 감상하고 소유하고자 하는 욕망을 불러일으킨다는 점에서, 돈으로 구매하든 안 하든 일종의 상품성을 띠게 된 것이다. 이때 몸은 그 사람이 누구인지, 어떠한 생각을 하는 사람인지, 어떠한 일을 하는 사람인지 상관하지 않는다. 인격체와 분리된 채 몸이라는 물질성만 따로 떨어져서 하나의 상품 가치를 갖게 된 것이다. 이것은 근본적으로 현대 사회에서 발생하는 인간 소외의 한 측면이라고 할 수 있다.

온라인 환경에서 익명으로 사람을 만나듯이 비대면으로 맺는 인간관계의 편협함이 사람들을 무례하고 폭력적으로 만드는 듯하다. 온라인상에서는 대면으로 만나 할 수 없는 이야기도 쉽게 하는 경우가 많다. 온라인 환경은 발언에 대한 개인의 책임에 대해 어느 정도 면제를 해주는 듯 보인다. 자신의 발언이 어떠한 결과를 발생시킬지 생각해보지도 않고 충동적으로 내뱉거나, 심지어 그 발언을 통해 일시적 쾌감을 느끼는 왜곡된 태도가 만연하다. 온라인 환경도 오프라인과 마찬가지로 인간이 소통하는 영역이라는 개념을 깊이 새기고 좀 더 성숙한 태도로 임하는 사회 분위기를 만들어갈 필요가 있겠다.

경멸과 혐오를 양산하는 사회적 분위기를 바꿀 수 있을까?

경멸과 혐오는 왜 발생하는 것일까? 경멸이나 혐오는 인간 공동체에 해를 끼치는 대상에 대해 인류가 진화 과정을 통해서 발전시켜온 감정적 대응이다. 전염병을 일으키는 병균에 대한 혐오 같은 것을 예로 들 수 있겠다. 그런데 오늘날 한국 사회에서 발생하고 있는 경멸과 혐오는 그 성격이 완전히 다르다. 인간 공동체에 해를 끼치는 대상에 대한 반응이라기보다는 오히려 경멸과 혐오 자체가 우리 공동체에 해악을 끼치고 있다.

먼저 몸에 대해서 생각해보면, 우리 사회는 어떠한 몸이 '정상적'이고 심지어 '착하다'라고 생각을 하고 있다. 이 생각이 얼마나 많은 사람을 배제하고 소수의 사람만을 위한 것인지 고려할 필요가 있다. 연예인이라든지 소수의 극단적 훈련을 하는 사람을 제외하고 다른 사람들은 모두 실패자나 자기혐오의 대상으로 만들어버리는 끔찍한 사고방식이다. 그런데 경멸과 혐오를 일삼는 사람들 대부분이 사회적으로 경멸과 혐오의 대상이 되어온 사람들이라는 점도 우리가 주의 깊게 살펴봐야 한다.

예컨대 사회적으로 무시당하면서 사는 나이든 남성이 마트에 가서 물건을 파는 젊은 여성에게 여성 차별적인 혐오 발언을 내뱉는 경우다. 또 가족이나 사회에서 무시받는 실업 청년이 조선족에 대해서 인종차별적인 혐오 발언을 하는 경우도 볼 수 있다. 따라서 경멸과 혐오 문제를 해결하기 위해서는, 현재 한국 사회에서 무엇이 규범적이고 이상적인지를 논의할 수 있는 관용적인 분위기가 만들어져야 한다. 그래야 이른바 이상적 기준을 맞추고 사는 사람과 그렇지 않은 사람, 즉 가진 자와 못 가진 자, 잘난 사람과 못난 사람, 강자와 약자 간의 차별적인 시선이 완화될 수 있다.

우리는 학교에서 모든 인간이 평등하고 각자가 존엄성을 가지고 있다고 배웠다. 그렇지만 막상 사회에 나가보면 대체로 인간의 존엄성을 인정받고 살기가 힘들다. 대부분은 사회의 이상적 기준에 미치지 못한다. 그런데 서로서로 칼날 같은 기준을 들이대면서, 조금만 부족해도 '루저'라든지 '쓰레기'라든지 하는 말들을 쉽게 내뱉는다. 게다가 경쟁이 점점 심해지다 보니, 실패를 겪으면 그 이후의 절망감이나 자기혐오의 감정도 훨씬 더 클 수밖에 없다. 계속 무시를 받게 되면 억울한 마음이 솟아날 수 있고, 분노의 감정이 생길 수 있다. 그러면 결국 그 감정이 누구에게 향하게 될까? 자기보다 약한 사람에게 분풀이하려는 마음이 생기고 말 것이다. 그것이 노인, 젊은 여성, 조선족 등이 경멸과 혐오의 대상이 쉽게 되는 까닭이다. 이처럼 경멸과 혐오의 태도는 안타깝게도 세상에서 서로 보듬고 살아야 하는 약자들이 오히려 서로에게 칼날을 겨누고 있는 모양을 야기했다. 그러므로 우리는 지나친 규범을 이상화하는 현실을 직시하고 타인과 자신에 대해 관용적인 태도를 형성해 갈 필요가 있다.

2부 _____

우리는

가족
이지만 타인
이다

한국 사회에서는 가족 내의 고정화된 역할이 존재한다. 우리 머릿속에 존재하는 아버지와 어머니의 전형적인 모습이 있으며, 아들과 딸에게 주어진 역할 또한 그러하다. 한국의 가족 중심 문화는 분명 가족을 하나로 똘똘 뭉치게 만들며 가족을 운명공동체로 인식하게 하지만 이는 분명 가족이라는 이름 아래 개인의 희생과 노력을 가리기 쉽다. 마치 국민의 희생과 노력을 통해 단기간 빠른 성장을 이룬 한국 사회의 모습과도 닮아 있다.

정상가족은
무엇을 말하는가

새로운 가족의 탄생

사회는 수많은 가족의 총합이며, 가족은 하나의 작은 사회
와 다름없다. 사회가 빠르게 변화하는 만큼 가족의 형태
도 다양해지고 있다. 과거에는 아빠, 엄마, 아들, 딸이라는
4인 가족의 구성이 정상가족의 모습이었다면 오늘날 가족
은 다양한 형태로 존재하며, 가족의 형태를 단순히 규정짓
기 어렵다. 오히려 과거에 전형적이라고 여긴 가족 형태를
요즘에는 찾아보기가 어려울 정도다. 그렇다면 오늘날 '정
상가족'이라는 형태는 과연 실존하는 것일까. 이러한 질문
을 제기할 때 마주치는 사회의 고정관념을 우리는 어떻게
받아들여야 할까.

두 가지 사례를 통해 오늘날 한국 사회의 가족을 이야기 해보고자 한다. 2014년에 발생한 세월호 참사를 모두 기억할 것이다. 이 참사 이후 많은 언론사가 희생자 가족의 사연을 다뤘다. 특히 희생자 가족들이 세월호 특별법 투쟁에 돌입한 이후로 '유민 아빠'로 알려진 희생자의 아버지 김영오 씨는 단식 투쟁을 40여 일간 진행했다. 이 모습을 많은 언론에서 다루어 익숙할 것이다. 유민 아빠의 단식에 대해서는 많은 사람이 지지하기도 했지만, 이를 비난하는 사람들도 적지 않았다. 비난하는 사람들의 경우, '알고 보니 유민 아빠는 이혼하고 유민이를 실제로 돌보지 않았던 사람인데 왜 저렇게 단식 투쟁을 한다는 거야' 하는 사고가 전제되어 있었다. 이혼한 사람이 아이를 위해서 하는 행동으로 적절치 않다는 여론이 우세했던 것이다. 그러나 이혼 가정에 대한 비판적 시선은 오늘날 이혼이 보기 드문 형태가 아니며, 또 이혼한 부모라고 해서 모두 자녀와의 관계가 단절되는 것이 아니라는 점을 고려할 때 다소 현실과 먼 태도라고 할 수 있다.

세월호 생존자 가운데 가장 어린 5세 권지연 양의 가족은 안타깝게도 침몰 사고로 모두 실종되었다. 아빠, 엄마,

그리고 오빠까지 한순간에 모두 잃은 것이다. 그런데 다른 피해 유족에 비해 권지연 양의 엄마 쪽 가족은 피해자 모임의 소통이나 정부의 조치에 어려움을 겪었다. 권지연 양의 어머니가 베트남 출신이었고, 베트남에서 온 가족들이 통역의 도움을 적절히 받지 못해 언어적 장벽에 부딪혀버렸기 때문이다. 한국에서 다문화 가족은 이제 소수 집단이 아니다. 그런데도 이처럼 재난이 발생한 뒤에 결혼 이주 여성이나 다문화 가족에 대해서 한국 사회는 대응을 제대로 하고 있지 못하다. 다문화 가족에 대한 사회적 담론과 각종 정책이 난무한 것에 비해, 실질적 변화가 이루어지지 못하고 있는 점을 여실히 드러내준다고 하겠다.

2018년 통계청에서 발표한 인구총조사에 따르면 다문화 가족이 33만 5천 가구이고, 1인 가구는 무려 584만 9천 가구라고 한다. 이혼이나 사별 이후 아빠나 엄마가 혼자 아이를 키우는 한부모 가족, 조손 가족 등의 경우는 153만 9천 가구이다. 고령자 부부, 결혼은 했지만 아이는 갖지 않는 딩크족, 단독 가구의 수가 점진적으로 증가하고 있는 추세다. 과거에 정상가족이 아니라고 여겼던 가족의 형태가 이제는 수적으로 상당한 부분을 차지하고 있는 것이다.

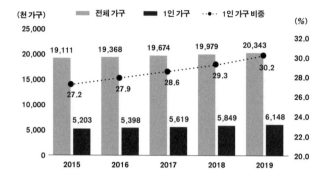

2015~2019년 1인 가구의 증가 추이

   통계청의 표는 1인 가구의 비중이 어떻게 변화해왔는지를 보여준다. 2015년에서 2019년까지 1인 가구의 비중을 보면 27.2퍼센트에서 30.2퍼센트로 증가한 것을 알 수 있다. 2015년에도 이미 1인 가구의 비중이 높은 상태이기 때문에 변화가 점진적으로 일어나는 것 같지만, 1990년대부터 살펴보면 이러한 수치가 극적이라는 것을 실감할 수 있다. 현재 1인 가구는 전체 가구의 3분의 1에 달하는 비중을 차지한다.

   혹자는 "젊은 사람들이 부모랑 살지 않고 혼자 살기 때문에 그래"라며 할 수 있겠지만 사실 1인 가구의 비중이 높아진 가장 큰 이유는 중장년층 1인 가구가 점점 많아졌기 때문이다. 45세 이후의 중장년층이 혼자 사는 것을 선택하는 경우가 많이 늘어나고 있으며, 비혼이나 이혼을 통해 혼자 살거나, 고령층의 1인 가구의 비중 등 전 세대를 막론하고 보편적으로 1인 가구의 수가 증가 추세다.

가족은 결혼을 통해 형성되는데, 요즘은 결혼한 수의 약 30퍼센트 이상이 이혼을 한다고 한다. 이는 과거에는 경시되었던 한부모 가족의 급격한 증가로 나타난다. 외국인과의 결혼과 동거로 인한 다문화 가족의 증가, 아이를 낳지 않는 부부, 반려동물과 함께하는 1인 가구 등 오늘날 가족의 형태는 다양하다. 특히 반려동물을 키우는 1인 가구의 경우, 자신이 강아지나 고양이를 키운다는 것이 자기소개에 굉장히 중요한 부분으로 작용하기도 한다.

동성 친구와 함께 사는 가족의 형태도 서서히 늘어나고 있다. 예전에는 룸메이트와 같은 개념으로 단기간 동안 함께 사는 것으로 여겼다면, 요즘에는 평생의 반려자처럼 서로 돌봐주는 가족의 형태로 그 수가 급속도로 증가하고 있다. 더불어 게이, 레즈비언 등 퀴어 가족도 증가하는 추세다. 이들은 동성결혼 법제화 운동을 벌이기도 하고, 사회적

2018년 통계청에서 발표한 다양한 가족의 형태

시스템에서 배제되지 않도록 다양한 운동을 하고 있다.

아직 한국에서는 흔히 보기는 힘들지만, 일본에서는 로봇과 함께 사는 1인 가구도 등장했다. 고령화 사회에서 로봇의 도움을 통해 혼자 사는 노인이 삶의 도움을 얻기 위함이다. 로봇은 거동이 불편한 노인에게 음식을 가져다준다든지 침대에서 일으켜준다든지 하는 일종의 도우미 역할을 하고 있으며, 이제는 외출을 함께하거나 말벗이 되어주는 등 외로움을 덜어주는 로봇의 개발도 가능해졌다. 이처럼 가족의 형태는 점차 다양해지고 새로운 형태로 나타나고 있다.

가족계획사업과 섹슈얼리티의 분리

한국 사회는 1970년대만 하더라도 "딸, 아들 구별 말고 둘만 낳아 잘 기르자"라는 표어가 유행했을 만큼 산아제한정책을 장려했다. 하지만 2000년대 이후 아동수당이나 세금 감면 혜택을 비롯해 다양한 출산 정책을 펴내고 있다. 시대에 따라 출산을 바라보는 사회적 인식이 크게 바뀐 것이다. 이처럼 출산에 따른 국가 정책은 당대 출산에 대한 사회 인식을 잘 보여준다. 그 예시로 1974년에 대한가족협회에서 만든 포스터를 살펴보자. 커다란 화살표가 하늘을 향해 그려져 있는데, '1981년 국민소득 1000불을 목표로 자녀는

1974년 산아제한정책 포스터

둘만 낳아 잘 기르자'는 메시지가 담겨 있어 출산 이슈에 관한 당대 사회적 분위기를 짐작하게 해준다.

1960년대 박정희 정권에서 시작된 가족계획사업이 전국적으로 보급한 피임술의 목적은 섹슈얼리티를 재생산으로부터 분리시키는 것이었다. 간단히 말해, 성관계가 아이를 낳는 목적으로 이루어지는 것만이 아니며 부부간의 친밀감을 위해 행해진다는 사실을 강조한 것이다. 이것은 두 가지 차원에서 이루어졌다. 먼저, 기술적인 차원에서 가족계획사업은 피임기술을 광범위하게 보급시켰다. 콘돔과 살정제 배포, 주기법 교육, 정관절제술 및 자궁 내 장치 시술, 먹는 피임약 보급 및 복강경 시술에 이르기까지 가족계획사업의 피임보급 활동은 다차원적으로 이루어졌다. 이를 위해 국가는 전국 각 지역의 보건 조직을 동원하고 이동시술반을 조직하여 전국을 순회하면서 대대적으로 자궁 내 장치를 삽입하고 불임술을 시술하는가 하면 전국의 모든 법정 리·동 단위에 가족계획어머니회를 만들었다.

정부와 대한가족계획협회는 출산 조절에 대한 사람들의 인식을 바꾸고 피임을 친숙하게 만들기 위해 노력했다. 그런데 일반적으로 생각하기에 출산율을 낮추기 위해서는 섹슈얼리티에 대한 금기를 강화하는 방식이 사용되지 않았을까 싶지만 실제로 진행되는 방식은 그 반대였다. 사회학자 조은주의 『가족과 통치』에 따르면, 오히려 가족계획사업은 여성의 쾌락과 유희적 담론을 강화시키는 방식으로 진행되었다. 즉, 성은 재생산의 통제라는 차원에서 억압된 것이 아니라 오히려 좀 더 만족스러운 부부 성생활이라는 차원에서 장려되었다. 여성의 성적 만족은 대단히 중요하게 다루어졌으며, 성적 불만족은 일종의 병리적 상태로 취급되었다.

국가의 가족계획 담론은 섹슈얼리티, 재생산, 사랑 간의 연관 관계를 변화시켰다. 여성의 성욕이나 성적 만족에 대한 중시를 통해, 섹슈얼리티는 이제 재생산과 분리되는 동시에 사랑과 결합되었다. 인간의 성행위 목적이 결코 재생산, 즉 임신 및 출산에 있는 것이 아니며 부부 간의 사랑을 확인하고 표현하는 데 있다는 것을 확인시켜준 것이다.

가족계획사업의 성 담론이 드러내는 것은 바로 사랑에 대한 강조, 다시 말해 성과 사랑의 결합이었다. 재생산과 분리된 성이 사랑과 결합하면서 재생산을 위해서 그동안 중요하게 여기지 않은 여성의 성적 만족이 강조되었고 성은 정당하고 자연스러운 욕망과 쾌락의 차원에서 장려되었다. 성과 사랑의 결합은 성을 금기가 아니라 즐거움과 탐구의 새로운 영역으로 전환시켰다.

정상가족은 어떻게 형성되었나

사랑하는 사람과 결혼하여 배우자와의 성적 관계를 추구하는 것은 근대 이후에 등장한 삶의 양식으로 근대 이전의 사회에서는 사랑, 결혼, 섹슈얼리티 간의 상관관계가 성립하지 않았다. 근대 이전의 결혼 계약의 기초는 상대방의 성적 매력이 아니라 경제적 필요에 의해서였다. 결혼과 섹슈얼리티는 아이를 낳기 위한 목적, 즉 재생산을 위해서 결합되었다. 결혼의 의미는 생계를 꾸리고 다음 세대로 가계를 이어가는 것이었고, 개인의 선호는 고려되지 않았다.

근대 이전의 사회에서 부부는 일을 함께하는 공동체였다. 농사를 짓든지 물건을 제작하든지 모두 가족을 기반으로 생산 활동에 종사했다. 가족 형태는 확대가족을 포함한 대규모 가족으로 구성되기도 했다. 그러다가 근대 가족의 등장과 함께 가족은 더 이상 경제적 생산 단위가 아니게 되었다. 부부는 이제 일을 공유하는 한 팀이 아니라 감정을 공유하고 소비하는 단위가 되었다.

사랑과 결혼, 섹슈얼리티가 결합하는 데는 18세기 후반 서구에서 형성되기 시작한 낭만적 사랑romantic love이라는 독특한 사랑의 양식이 관여했다. 어느 한 사람이 다른 한 사람에게 매혹되는 감정은 지극히 개인적이고 자연스러운 경험으로 여겨지지만, 이전까지만 해도 그러한 열정이 반드시 가족이라는 형태로 조직되어야 한다고 생각되지 않았다. 그러나 낭만적 사랑은 사랑을 통해 부부 관계를 형성하고, 사랑에 기초한 부부가 자녀를 낳아 핵가족을 꾸리는 방식을 정상적인 형태의 가족으로 공고히 자리잡도록 했다.

이제 사랑이 없는 결혼은 불행한 것으로 간주되었으며 혼인 외의 성관계나 성적 향유가 결여된 부부 관계는 문제로 인식되거나 도덕적으로 비난받게 되었다. 한국에서도 1960년대를 거쳐 1970년대에 이르러 가족계획사업을 통해 사랑, 결혼, 섹슈얼리티의 결합이라는 새로운 형태가 자리잡게 되었다. 사랑은 결혼의 가장 핵심적 요소로 부상하게 되었고, 특히 부부의 사랑은 성적 결합을 통해 지속적으로 확인되어야 하는 것으로 간주되었다.

사실 부모와 자녀로만 이루어지는 작은 규모의 가족 형태는 인류의 역사에서 가장 오래되고 보편적인 가족 형태다. 핵가족이 근대 이후 생긴 가족의 형태라고 생각하기 쉽지만, 과거 농경 생활에서도 가족 단위는 핵가족을 이루면서 주변에 친척들이 거주하는 경우가 많았다. 집에 재산이 많거나 권위가 높은 사람들의 경우에는 여러 식솔들을 거느리고 확대가족을 꾸릴 수 있었던 반면 가난한 농민의 경우 대부분 핵가족 형태를 취했다.

그러나 형태상 비슷하다고 하더라도, 핵가족의 성격은 근대 이후 완전히 달라졌다. 앞서 말한 것처럼, 부부의 성격이 낭만적 사랑을 중심으로 바뀌면서 가족 안에서 남녀의 역할이 다르게 규정되었다. 이전에는 부부 모두 생산적 활동에 종사했다면, 이제 남편은 가족을 위해 바깥에서 돈을 버는 역할을 책임지고, 아내는 생산적 활동에서 분리되어 가정을 돌보는 것이라고 여기게 되었다. 물론 이러한 역할 분리가 모든 계층의 여성에게 가능했던 것은 아니다. 근대 이후에도 노동자와 빈민 계급의 여성은 여전히 생산 활동에 종사해야 했다. 그러나 그 여성들도 이상적 여성상에 따라서 남편과 자녀에게 헌신해야 한다는 역할이 요구되었다.

이러한 변화는 주거공간의 구조 변화와 함께 이루어졌다. 이전까지는 한 방에 여러 사람이 함께 자는 것이 흔한 일이었고, 손님이 오더라도 함께 묵는 것은 이상한 일이 아니었다. 그렇지만 이제 부부만의 침실 공간이 중요하게 인지되고, 아이들은 부모와 떨어져 따로 지내는 것이 훈육을 위해 바람직하다고 생각되었다. 이처럼 부부간의 관계를 중시하는 방식의 가족 구성은 일터나 작업 공간의 공적 세계와 부부와 가족의 사적 세계를 구분하는 방식을 출현시켰다. 이 변화 속에서 가족은 주변 세계, 즉 친족이나 공동체와는 점차 분리되게 되었다.

자녀 수를 줄이는 가족계획사업은 처음에는 빈곤을 타파하기 위한 목적으로 시작되었지만, 1970년대 둘 낳기 운동이 전개되면서부터 '딸 아들 구별 말고 둘만 낳아 잘 기르자'는 표어는 가족계획의 상징처럼 각인되었다.

이제 부부와 두 명의 자녀로 구성된 모델이 정상가족의 확고한 이념형이 되었다. '가족'이란 친족이나 다른 방계가족을 포함하는 것에서 부모와 자녀로 구성된 가족을 제한적으로 지시하는 의미가 되었다. 부모와 두 자녀로 구성된 핵가족의 모델은 단지 줄어든 자녀의 수만을 보여주는 것이 아니라 양육 방식에서도 변화를 수반했다. 과거 예닐곱 명에 이르는 여러 자녀를 키울 때는 부모의 사랑이라고 하지만 각 개인에게 하나하나 정서적으로 돌봄을 할애하기가 힘들었다. 그래서 나이 터울이 나는 형제자매가 서로 돌보거나 공동체의 협업 속에 아이들을 돌보는 경우가 많았다. 그러나 이제 자녀 양육은 온전히 부모의 몫이 되었다.

한국에서 1990년대만 하더라도 '가족'의 이미지를 머릿속에 그릴 때 성인남녀와 어린 남매로 이루어진 전형적인 가족의 모습을 쉽게 떠올릴 수 있다. 하지만 1997년 IMF 이후로 저성장 시대와 미래에 대한 불안 속에서 취업과 혼인이 어려운 상황이 되었다. 가족의 역할에 대해 부담을 느끼고, 비혼을 선택하는 사람이 점차 많아지면서 정상가족이라고 여겼던 핵가족 형태의 가족이 점차 붕괴되는 양상을 맞이한 것이다.

놀라운 점은 오늘날 가족이 점차 해체되고 젊은이들이 결혼과 출산을 꺼리고 있는데도 여전히 정상가족의 이데올로기는 강하게 남아 있다는 사실이다. 그것은 정상가족이라는 형태가 남성 가부장을 중심으로 아내와 어린 자녀들로 구성된 가족의 형태가 국가의 통치에도 편리할 뿐 아니라 남성 중심의 가부장적 권위를 지속시킬 수 있는 중요한 수단이기 때문이다. 정상가족 형태가 무너지고 있다고 하더라도 많은 정치인이나 법률가들이 가족법을 바꾸려는 시도에 주저하는 까닭도 거기에 있다. 게다가 한국 사회에서는 여러 명의 자녀 양육이 가능한 경제적 조건 속에서만 정상가족의 형태를 유지하거나 재생산할 수 있는 상황이 되었다. 극심한 경쟁 속에서 충분한 경제적 여유가 없으며 사회적 계급이 낮아지는 것을 원하지 않는 사람들은 출산을 미루거나 포기하고 있다. 이러한 상황 속에서 정상가족의 형태는 오로지 계급적으로 중산층 집단에서만 가능한 방식으로 점차 바뀌고 있다.

가족주의가 뿌리박힌
한국 사회

국가와 가족은 운명공동체

'가족'은 아시아 국가의 사회문화를 설명하는 핵심 키워드다. 아시아 국가에서는 가족을 국가가 발전하는 데 있어 기본 단위로 여긴다. 모두가 잘 먹고 잘살기 위해서는 가족이 잘되어야 하며, 그래야 국가도 마찬가지로 잘된다는 생각이 지배적이다. 그래서 가족을 국가의 최소 단위로 전제할 때 국가는 가족의 확장된 형태로 본다. '국가'라는 단어의 '가'가 '가족'을 뜻하고 있으며, 대통령을 아버지라는 의미가 내포된 '국부'로 지칭해온 것을 생각해보면, 가족과 국가가 얼마나 밀접한 관계를 갖는지 알 수 있다.

동아시아 세 나라의 가족 가치에 대한 연구에서는 한국

이 가족주의를 가장 보수적으로 내면화한 국가라고 밝힌다. 일본이나 중국 사람들에 비해 한국 사람들이 가족을 가장 중요한 단위이자 기본적 가치로 여기며, 가족의 가치를 어떤 것도 침해할 수 없는 성스러운 것으로 보고 있다는 것이다. 반면에 가족생활에 대한 만족도는 한국 사회가 가장 낮았다. 이는 가족에 대한 이상이 높기 때문에 상대적으로 그 만족도가 낮은 것으로 추측된다.

한국은 왜 가족주의 문화가 강력한 것일까. 두 가지 상황을 가정해보자. 중장년층의 아버지가 어느 날 그동안 꿈꿔온 록 가수가 되기 위해 회사를 그만두겠다고 선언했다면 가족들의 반응은 어떠할까? 물론 그것을 지지하고 인정해주는 가족 구성원도 있겠지만, 만일 아버지의 수입이 가족의 유일한 수입원이라면 일반적으로 '아무리 아버지가 꿈꿔온 일이더라도 가족의 상황은 고려하지 않은 채 그토록 이기적인 결정을 할 수 있느냐?'라고 생각할 것이다.

또 전업 주부인 어머니가 피곤하다는 이유로 늦잠을 자면서 아이의 끼니나 등교 준비를 챙겨주지 않는다면, 대부분의 사람들은 아이가 제대로 돌봄을 받지 못하고 있다며 잘못의 책임을 어머니에게 물을 것이다. 어머니라면 기본적으로 아이를 위해 자신을 희생하고 헌신해야 한다고 여기기 때문이다. 이처럼 우리에게 가족의 역할은 그 구성원의 자유의지나 개별성을 생각하기보다 각자 주어진 임무를 수행해야 하고 아버지의 몫, 어머니의 몫, 자녀의 몫 등 그 역할에 따른 책임이 규정되어 있다고 본다.

한국 사회에서는 누군가의 역할을 논할 때, 남성과 여성이라는 단순한 젠더 구분보다 가족 내의 위치에 따른 역할 관념이 크게 작용한다. 가령 아버지의 역할이 무엇이고, 어머니의 역할이 무엇인지, 또 아들이라면 어때야 하고 딸이라면 어때야 하는지 말이다. 심지어 더 세분화해 큰아들이라면 어때야 하고, 막내딸이라면 으레 요구되는 임무가 있다는듯 가족 내에서 각자가 어떠한 위치를 점하고 있느냐에 따라 그에 응당한 역할과 바람직한 태도가 결정된다.

가족주의 문화는 가족 내 역할을 분명히 정해주고 구성원들을 하나의 집단으로 똘똘 뭉치게 만듦으로써 가족이 곧 운명공동체라는 생각을 강화한다. 반면 가족의 집단 이익이 강조되다 보니 개인의 희생과 노력이 가려지기 쉽다. 이는 국민의 희생과 노력을 통해 단기간 빠른 성장을 이룬 한국 사회의 모습과도 어느 정도 일맥상통한다고 볼 수 있다.

그 단적인 예가 IMF 시기의 금 모으기 운동이다. 국민 모두가 집에 있던 금을 내놓아 국가를 살리고자 한 사례는 전 세계를 통틀어 전무후무하다. 이를 긍정적 측면에서 볼 수도 있겠지만, 국가가 어떤 문제나 위기에 봉착했을 때 개인들이 국가의 책임을 묻기보다는 개인의 희생을 통해 위기를 극복해야 한다고 생각하는 의식은 가족주의가 확대된 것으로 하나의 국가관이라고 할 수 있다.

한국은 세계에서 유례를 찾기 어려울 정도로 급속한 속도로 근대화를 이루어왔다. 서구에서는 적어도 150~200년에 걸쳐 진행된 과정을 한국에서는 1960년대부터 약 30~40년 정도에 걸쳐 이루어왔다. 이 과정에서 무작정 성장만이 중시되다 보니, 인간의 삶에서 다루어져야 할 중요한 문제들, 가령 건강, 돌봄, 안전 등은 주변으로 밀려났다.

한국 사회에서 가족주의가 강하게 형성된 까닭은 개인이 의존할 수 있는 사회적 안전망이 가족밖에 없었기 때문이라고 볼 수 있다. 한국은 1960년대까지 전 세계에서 사회보장제도가 갖춰지지 못한 다섯 국가 가운데 하나였으며, 사회에서 구성원을 돌봐주고 지지해주고 지원해주는

	한국전쟁 1945~1950년대	근대화 1960~1980년대	IMF 1997년 이후
국가	해방 직후 전쟁 수습 국가 체제 정립 불가	최우선의 목표: 경제 성장 복지제도 결여	국가적 존립 위기
가족	유일한 사회적 안전망	가족주의 강화 (교육, 양육, 의료 등 국가 복지 역할 일임)	가족 해체 (생존 위한 개인화)

한국 사회에서 가족주의의 변모 과정[4]

제도가 전무한 국가였다. 1960년대 이후 급격한 경제 성장 속에서도 선성장 후분배라는 근대화 정책 때문에 사회가 보장해줄 수 있는 수단은 아무것도 없었다고 봐도 무방하다.

특히 의료보험제도는 있었지만 그 적용 범위는 제한적이었다. 1973년에 〈국민복지연금법〉이 제정되었지만 그것도 10년이 넘게 시행이 보류되었다. 1987년 민주화 대항쟁 이후에서야 국민연금이 시행되었고, 같은 해 의료보험이 5인 이상 사업장에까지 확대되었다. 1988년에 의료보험이 전 국민 대상으로 확대되었고 〈모자복지법〉이나 〈영유아보육법〉과 같은 사회적 취약계층을 보호하는 법안

들이 그제서야 만들어졌다.

따라서 1960년대부터 1980년대까지 경제적으로 가장 급성장하는 시기에 국민을 돌보는 문제는 모두 국가가 아닌 개별 가족이 떠맡았다고 할 수 있다. 국가는 저임금 노동력을 확보하기 위해 농촌에 거주하는 사람들을 도시로 이주하도록 독려했는데, 이주한 사람들은 어느 곳에서도 그들의 안전이나 기본적 복지를 보장받을 수가 없었다. 이촌향도로 도시에 온 사람들은 같은 지역 출신의 친척을 통해서나, 줄줄이 잇따라 올라온 형제자매들과 서로 돕고 돌볼 수밖에 없었다. 이 시기에 한국에 개신교가 급성장한 것도 당시 사회보장제도가 미비했던 것과 연결된다. 외지에서 이주한 사람들이 가족에게조차 의존하지 못할 때, 그들에게 손을 내밀어주는 사람들은 종교 공동체밖에 없었던 것이다.

가족주의 문화의 덫

가족주의가 한국 사회에 뿌리내린 가장 큰 이유는 한국전쟁 이후 만성적인 전쟁 위협과 불투명한 미래 전망 때문이었다. 전쟁과 정치적 혼란을 겪으며 신뢰할 수 있는 집단이 부재한 상황에서, 가족만이 불안한 삶에서 유일하게 믿을 수 있는 지지대로 작동했기 때문이다. 가족은 지위를 획득하는 하나의 발판이 되었고 사회적인 보호 체계로 부상했다.

한국의 가족주의는 국가가 제공하지 못하는 안전망을 개인에게 주었지만, 동시에 여러 가지 부작용을 생성해왔다. 한국 사회에서 권력 다툼, 즉 먹거리를 놓고 누가 가져갈 것인지 다투는 양상은 가족주의를 중심으로 이루어졌다. 현대 한국 사회를 들여다 보면, '밥그릇 싸움'에서 혈연, 학벌, 동향 등은 매우 중요한 요소로 작용해왔다는 것을 알수 있다. 이를테면 한국 사람들은 자신이 어느 집단에 속해 있는지 과시하기를 좋아한다. 어디 성 씨라든지, 어느 동향이라든지, 조상 중에 어떤 직위를 누리신 어르신이 있다든지, 어느 학교 출신이라든지 하는 점들을 지나치게 강조하곤 한다. 이것은 자신이 소속된 집단의 지위와 가치를 높임으로써 권력 다툼에 더 유리한 고지를 차지하기 위해서다. 즉, 혈연, 학벌, 동향 등 확대된 가족주의는 패거리주의를 만들어왔다.

이 같은 패거리주의는 현대 한국 사회에서 많은 문제를

야기했다. 노동, 정치권, 시민운동계는 연고를 강조하는 방식으로 패거리를 만든다. 교회와 재벌가에서는 가족을 중심으로 세습이 이루어진다. 같은 패거리끼리 중요 사항을 논의하고 결정하며, 패거리에 속하지 않은 사람이 그 문제에 참여하고자 하면 철저하게 배척한다. 이러한 방식을 통해 내부 집단 간의 결속을 강화하고, 외부 사람들을 배제하면서 자신의 이익을 최대한 확보하려는 것이다. 주요 결정들이 가족이나 연고를 중심으로 이루어지는 방식은 전쟁 직후의 불확실한 현실과 급성장 시기에 위기를 헤쳐나가는 방편일지언정 오늘날 한국이 더 나은 사회로 발전하는데 장애물이 되고 있다.

30~40년의 짧은 기간 동안 한국 사회가 급성장해온 데는 '가족에 대한 헌신'이라는 가치가 중요하게 작동한 것임이 분명하다. 이 헌신과 열정은 한국의 경제발전을 이끌었고 오늘날 선진국 대열에 오를 수 있도록 해주었다. 그러나 '가족에 대한 헌신'이 반드시 좋은 것만은 아니다. 각자가 자신의 소망을 이루고 행복감을 느끼며 사는 것보다 가족에 대한 헌신이 지나치게 요구된다면 개개인의 삶을 끊임없는 희생 속에 가두는 것일 수 있다.

가족에 대한 헌신이 잘못 발현된 현상 중의 하나가 지나친 교육열이다. 전 세계적으로 한국의 교육열은 유명하다. 자녀에게 최고의 교육적 환경을 마련해주고자 하는 태도를 나쁘다고 할 수 없지만, 과연 오늘날 한국 사회의 교육열이 긍정적 의미에서 작동하고 있는지 생각해볼 필요가 있다. 한국 사회에서 특히 교육을 중시하는 집단은 최상층이나 최하층이 아니라 중간층이다. 가족을 유지하기 위해 중요한 것은 경제적 자본의 상속과 문화적 자본의 투자인데, 경제력이 없는 사람들은 상속보다는 문화적 자본에 투자에 집중하게 되는 것이다.

가족주의 문화의 가장 큰 문제점 가운데 하나는 다른 가족들을 경쟁 상대, 심지어 적으로 대하는 태도에 있다. 가족주의가 내부의 단결과 결속을 중시하다 보니 다른 가족과의 관계에 있어서 나눔과 배려보다 경쟁과 질투를 앞서게 된다. 남들이 좋다고 평가하는 대학과 직장에 가는 것이 대부분 가족의 동일한 목표가 되면서 서로서로 끊임없이 타인과 비교하는 눈을 기르게 된다. "도대체 부족한 게 뭐가 있어서 너는 옆집 아이보다 공부를 못하는 거니?"라는 식의 아이에 대한 비판은 부모의 헌신을 강조하고 있지만,

사실상 주변 가족과의 관계에서 비교 우위를 차지하고 싶어하는 부모의 사사로운 욕심의 발로일 뿐이다. 이러한 태도는 교육적 측면에서 바람직하지 않음에도 불구하고, 한국 사회에 만연해 있다.

직업이나 진로 선택을 할 때도 개인의 주체성이나 욕망에 대한 진지한 고민 없이, 타인이 보기에 좋아 보이면 그만이다. 곧, 전업 주부인 여성의 경우 '나'의 존재 가치는 자녀가 어떤 대학에 다니고, 남편이 어떤 직장을 다니느냐에 따라 평가되어진다. 이는 가족주의가 가족 중심의 경쟁 사회와 문화를 구축하는 데 기여하는 것으로 나타난다. 자녀의 성공을 곧 가족의 성공으로 바라보는 관점은 자녀를 독립적이고 자유로운 주체로 보기보다는 소유물로 보는 것에 지나지 않는다. 그렇기에 가족주의가 강한 사회에서는 자녀에 대한 지나친 사교육이나 부모의 바람을 자녀에게 투영하는 것을 당연시 여긴다.

한국 사회의 독특한 현상 가운데 하나는 바로 '가족 동반자살'이다. IMF 시기에 갑자기 경제적 사정이 나빠진 가장이 아내와 자녀들과 함께 자살하는 사건이 여러 차례 있었다. 또 산후우울증에 걸린 산모가 아기를 껴안고 뛰어내리는 방식의 자살도 존재해왔다. 이에 대해 한국 언론에서는 '동반자살'이라는 용어를 사용하지만, 정확히 말하자면 이는 '자녀 살해 후 자살'이라고 표현해야 한다. 어른인 가족 성원이 어린 자녀를 살해한 후, 자신이 자살을 선택한 방식이기 때문이다. 그런데도 '동반'이라는 표현을 쓰는 까닭은 무엇일까.

자녀를 하나의 독립적인 주체가 아니라 아버지 혹은 어머니의 소유물로 생각해서 자신이 죽음을 결정하면 자녀는 따라서 죽어야 하는 존재로 여기기 때문이다. 다른 한편으로 보호자가 죽으면 자식을 제대로 돌봐줄 곳이 없으며, 이들이 잘살 수가 없다는 인식이 전제되어 있다. '부모 없는 아이'는 '가장 불쌍한 아이'라는 사회적 낙인 때문에 기댈 곳이 없는 것보다 자신과 함께 생을 마감하는 것이 낫다는 인식이 앞서기 때문이다. 이 같은 가족 동반자살은 한국과 일본, 대만 사회 등 모두 핵가족 문화와 가족주의 문화가 강한 국가에서 특징적으로 발견된다.

정상가족이 안기는 비정상

가족의 형태도 다양해지고 있고 가족에 대한 사회 성원들의 생각도 급변하고 있지만, 여전히 한국 사회에서 정상가족 이데올로기는 강하게 작동하고 있다. 이때 현실과 이념 간의 괴리가 발생한다. 먼저 오늘날 이혼하는 가정이 적지 않음에도 불구하고, 아버지나 어머니 한쪽이 자녀를 키우고 있는 '한부모 가정'은 여전히 사회적으로 부정적 시선의 대상이 되곤 한다. 사실 '한부모 가정'이라는 표현 자체가 이혼 가정이나 사별로 인해 부모 중 한 사람이 없는 가정을 좋지 않은 시선으로 바라보는 관점을 전제한다. 아이의 출산은 남성과 여성의 법적 결합에 의해 이루어져야 하며, 또한 아이의 양육도 두 사람이 함께해야 한다는 한국 사회의 시선이 매우 짙게 드러난다.

OECD 국가 중 한국은 혼외 자녀를 낳는 비율이 가장 낮다. 한국 사회에서 결혼·임신·출산·양육은 하나의 종합 세트이기 때문에 결혼을 선택하지 않으면 그 외의 것들도 자연스레 선택할 수 없는 구조다. 법률혼 중심의 전통 가족 제도를 고수하는 한국에서 법적 부부가 아닌 커플의 출산율은 OECD 가입국 가운데 최저 수준이다. 2018년 OECD 혼외출산율 통계를 보면, 평균이 40.7퍼센트인데 반해 한국은 2.3퍼센트에 불과하다.

결혼이라는 제도 바깥에서 이루어진 출산, 그리고 부모 중 어느 한쪽에 의한 양육 방식에 대해 부정적 시선이 강하다 보니, 한국은 오래도록 아이들을 외국으로 입양 보내는 나라라는 불명예에서 벗어나기 어려웠다. 미혼모들이 양육을 선택하지 못하는 까닭은 가부장적 가족제도의 테두리에서 벗어나서 홀로 아이를 키우는 일 자체가 사회적 시선이 안 좋기 때문이다. 그 결과 미혼모의 자녀들은 대부분 해외 입양의 대상이 되었다. 국내 해외 입양이 한국전쟁 이후 고아들을 선진국으로 보낸 것이라고 알려졌지만, 사실 그 이후에도 수십 년간 미혼모의 자녀늘을 중심으로 계속 이어져왔다.

오늘날 한국에서는 결혼 제도 바깥에서 아이를 낳아 기르길 원하는 여성이 늘고 있다. 결혼하고 배우자와의 관계를 원하지는 않지만, 아이를 낳아 양육을 원하는 여성이 증가하고 있는 것이다. 그에 따라 다양한 가족 형태를 법과 제도 안에서 끌어안는 고민이 시작됐다. 법적 부부만 정상으로 보는 시선에서 벗어나 비혼모, 동거커플 등을 가족 형태로 인정하고 출산도 지원해야 한다는 것이다. 이미 이러한 형태를 법적으로 인정하는 많은 나라들이 존재한다는 점을 생각하면, 한국에서도 완전히 불가능한 일은 아니다. 다양한 가족 형태를 법적으로 인정하는 내용을 담은 생활 동반자법이 19~20대 국회 때 발의되기도 했다.

정상가족 이데올로기는 부모 중 한 사람이 해외에서 이주한 경우에도 불편한 시선이 드러나는데 외국인에 대한 인종차별적 시선에는 한국의 혈연 중심적 사고가 반영되어 있다. 특히 '다문화 가정' 담론은 그들이 한국보다 못 사는 나라 출신이며 사회경제적으로 취약한 사람들이라는 부정적인 이미지를 부여한다. 이른바 '3D 업종'이라는 여러 노동 분야에 외국인들이 종사하고 있지만, 한국인은 외국인 노동자를 이웃으로 삼고 싶어하지 않는다. 한국인이 긍정적으로 바라보는 '외국인'은 우리보다 잘사는 미주나 유럽 선진국의 외국인으로 한정되어 있다. 피부색이 우리보다 진하고 한국보다 가난한 나라 출신의 외국인에 대한 차별과 혐오가 심하다 보니, '다문화 가정'의 아이들은 안타깝게도 어린 나이에 폭력적 시선과 차별을 받으며 자라고 있다.

정상가족 이데올로기는 가족 성원들이 가족 내에서 겪고 있는 폭력이나 위기 상황에 대해서 사회가 개입하기를 꺼리고, 그것이 '가족 문제'이기 때문에 내버려둬야 한다는 생각을 심어주기도 한다. 대체로 이러한 생각의 피해자는 아이들이나 신체적으로 약한 여성이다. "나 하나 참고 살면 그만"이라는 생각에 자녀를 위해 폭력적인 남편과 동거를 지속하는 아내들이 적지 않다. 또한 부모에 의한 아동학대가 발생해도 부모가 아동에게 가하는 가족 내 권력을 은폐하기 쉽다. 정상가족 이데올로기는 이제 현실의 변화에 맞게 사라져야 할 시기에 도래했다. 가족은 여전히 중요하고 의미 있는 사회적 단위다. 그러나 그 가족이 어떠한 모양새여야 하는가는 우리 사회가 함께 더 깊이 논의하고 고민해나가야 할 문제이다.

새로운 형태의
가족을 상상하다

무너진 정상가족

정상가족의 개념은 한국 사회에서 오랫동안 깊게 자리잡았지만, 이제는 변화하는 가족의 의미와 성격을 반영하지 못하고 고리타분한 관점이자 시대착오적 측면을 드러내고 있다. 정상가족의 개념이 희미해지고, 다양한 가족의 형태가 탄생하는 이유는 무엇일까.

이는 가부장적 성격의 문화에서 파생한다. 부모 세대만 하더라도 제사나 명절 때 남녀의 활동이 명확히 구분되었다. 아버지의 권위, 어머니의 희생과 순종 등이 문화 곳곳에 숨겨져 있었다. 이는 가족 바깥에서도 적용되었다. 연장자인 남성의 의견을 어린 여성이 따르는 문화가 당연시되

는 풍조가 대표적이다. 젠더 역할이 고정되어 있기에 남자
는 바깥 생활을 하는 사람, 여자는 집안일을 하는 안사람이
라는 인식도 만연했다.

하지만 이제 남녀 성에 따른 역할 구분은 더 이상 현실
적이지 못하다. 한국 사회에는 수많은 맞벌이 부부와 높은
교육 수준을 갖춘 여성들이 많다. 그런데 이러한 외부 변
화가 실제 가정 내 일상에서 충분히 반영되지 못하고 있다.
맞벌이 가정의 비율이 점점 증가하는 데 반해서 집안일을
하는 남성의 경우 여성의 5분의 1도 되지 않기 때문이다.
이 상황에서 결혼에 대한 인식은 자연스럽게 여성에게 부
정적이거나 비판적으로 작용하는 추세이다. 성 역할에 따
른 가족 문화는 사회 곳곳에 잔존하지만, 사람들의 인식과
사회는 빠르게 변화하고 있는 것이다.

혼인 관계가 만들어내는 부수적 역할에 대한 거부감도
점차 증가하고 있다. 혼인 관계는 전통적으로 두 사람만의
결합을 뜻하는 것은 아니었다. 역사적으로 볼 때, 전 세계
부족이나 집단에서 혼인은 하나의 친족이 다른 친족과 결
합하여 맺는 일종의 집단 결속이자 경제적인 교류로서 존
재해왔다. 그에 따라, 한국에서도 혼인하고 나면 단지 배우

자와의 관계를 넘어 친척 내에서 행해야 하는 역할이 발생하고 또 이전에는 남남이었던 사람들이 새로운 호칭을 부여받으며 가까운 관계로서 교류하게 된다.

그러나 오늘날 한국 사회의 젊은이들은 혼인이 부부 두 사람을 넘어서는 관계로 확장되는 것에 대해 불편함과 거부감을 느낀다. 결혼을 하더라도 그 이유나 목적이 바뀌고 있다. 혼인은 이제 집안과 집안, 친족과 친족 간의 결속이라기보다는, 개인과 개인의 만남으로 친밀감과 사랑을 나누는 관계로 보아야 한다. 혼인의 의미와 그 성격이 변화하면서 혼인의 지속성은 전보다 약해지고 있다. 사랑이 식거나 친밀감을 더 이상 느낄 수 없게 된다면, 그 혼인이 지속될 이유가 없다고 여기기 때문이다.

자녀 양육의 어려움 역시 오늘날 정상가족이 무너진 또 다른 이유라고 볼 수 있다. 개인적 생존조차 보장받기 어려운 바쁜 현실 조건에서, 절대적 돌봄이 있어야 하는 누군가를 양육한다는 것 자체가 많은 책임과 의무가 필요한 일이다. 아이들을 제대로 키우지 못하는 부모에 대한 뉴스를 보면 안타까움이 크지만, 다른 한편으로 국가에서는 양육에 대한 제도나 사회환경 조성과는 상관없이 저출생, 고령

사회에 대한 지속적인 이슈 생산으로 무작정 아이만 낳으라고 하는 것은 커다란 문제다. 아이를 출산하는 게 문제가 아니라 아이들을 어떻게 잘 키우고, 아이를 낳는다면 어떻게 양육해야 할지, 교육적 측면이나 사회적 분위기, 환경 등에 초점을 맞출 필요가 있다. 이 같은 복합적 요인으로 인해 기존의 정상가족이 점차 붕괴되고 있다.

새로운 제도의 필요성

그렇다면 딩크DINK: Double Income, No Kids 가족, 한부모 가족 혹은 동성 가족 등 새로운 형태의 가족이 기존 정상가족의 대안이 될 수 있을까? 오늘날 가족의 다양한 변화 속에서 하나의 가족 형태가 다른 것보다 우월하다거나 더 낫다고 말하기는 어렵다. 그보다 각자의 상황과 조건, 필요에 따라서 적합한 가족 형태를 선택하는 경향을 띤다. 그러나 이러한 현실적 변화에도 불구하고 법적·제도적 장치는 여전히 정상가족을 기준으로 마련되어 있으며 실상을 반영하지 못하고 있다. 법적으로나 경제적으로나 상호 구조 등 많은 문제들이 정상가족을 기준으로 제도가 구축되어 있다. 그렇기에 정상가족 이외의 가족 형태의 경우에는 상대적으로 제도권으로부터 소외될 뿐 아니라 심지어는 사회문화적으로 차별을 받기도 한다.

특히 행정서류를 작성하는 경우 문제는 빈번히 발생한다. 한부모 가정이 많아졌음에도 불구하고, 학교에 제출하는 서류는 물론 가족관계에 대해 기술하거나 설명해야 할 때, 아이 이름과 엄마 이름만 쓰면 사람들은 보통 "아버지 이름도 써주세요" 하고 당연하게 말한다. 엄마와 아이만 있을 수 있다고 생각하지 못하고 아무렇지 않게 정상가족의 형태를 머릿속에 그리며 아버지의 존재를 밝히려 한다. 다양한 사람만큼이나 다양한 삶이 존재하고 있다는 사실을 고려하지 않았다는 것을 알 수 있다.

법적 부부가 아닐 경우 서로 간에 세제 및 사회보장 혜택을 받기 어렵고, 또 한 사람이 죽은 다음에 유산을 넘겨줄 수도 없다. 평생을 약속한 두 사람 중 한 사람이 병이 들어 다른 한 명이 계속 돌봄을 제공했다고 하더라도, 둘이 법적 부부 관계가 아니라면 그에 따른 법적 보호나 보장을 받기 어려운 것이다. 예컨대 동거 가구는 신혼부부를 위한 행복주택 입주 자격이 없고 건강보험 피부양자로 등록할 수 없으며 난임 지원도 받을 수 없다. 심지어 병원에 갔을 때 보호자 역할을 하기도 어렵다.

이 문제를 해결하기 위해 일찍이 프랑스는 동거가구의 권리를 보장하는 '시민연대계약PACS'을 도입했다. 시민연대계약은 결혼을 하지 않았지만 함께 사는 동거 커플을 새로운 가족 형태로 인정하고, 법원에 사실혼 관계임을 인정받기 위한 몇 가지 서류를 제출하면 법률혼 관계의 부부와 동일한 세제 및 사회보장 혜택을 받을 수 있도록 한 제도다. 다만 각 개인은 독신으로서의 지위가 유지되기 때문에, 헤어진다고 하더라도 이혼처럼 까다로운 법적 절차를 받지 않아도 된다. 이 협약을 맺은 커플은 1999년 제도를 도입한 이후에 해마다 증가하는 추세라고 한다. 전통적 혼인이 줄어드는 반면, 시민연대계약을 맺은 커플은 증가하고 있는 것이다. 흥미로운 점은 시민연대계약이 도입된 이후에 프랑스의 출산율이 지속적으로 늘었다는 것이다. 이는 많은 여성들이 아이를 낳고 싶지만, 결혼이라는 제도적 장치에 부담을 지우고 있다는 사실을 반증한다.

결혼은 한국 사회에서 두 사람의 관계를 넘어선 친족 간의 여러 의무와 책임을 부과하는 관계이다 보니 그만큼 더 많은 자기희생과 결단을 요구한다. 하지만 현재 한국 사회에서도 다양한 형태의 대안가족이 존재하고 있다. 대안가족이란 혈연, 결혼, 입양을 기반으로 한 전통적 가족의 형태에서 벗어나 사회적 신뢰를 기반으로 한 사회적 가족을 말한다. 경제, 생활 등을 함께하며 일상생활 전반을 해결해 나가는 의미의 공동체이다. 공동체가족, 이중핵가족, 노인 생활 공동체인 실버가족과 아동친화적 대안가정인 그룹홈 등이 그 예시이다.

공동체가족은 도시 핵가족이 친족이나 지역 사회와의 유대에서 떨어져서 살아가는 단점을 보완하기 위해 만들어진 소규모의 협동가족이다. 이들은 대개 같은 건물에 함께 생활하면서 공동으로 가사나 경비, 양육 등을 나누어 맡는다. 이러한 공동체가족은 혼인과 혈연을 기반으로 해 일반적이라 여겨지던 가족의 형태를 벗어난 모습이 특징적이며, 개별 가족의 공동체적 기능의 회복 및 핵가족에서 발생하는 문제점을 극복하기 위한 대안으로 생각되기도 한다.

이중핵가족은 현대 사회에 들어서면서 이혼율이 큰 폭으로 증가하면서 나타난 가족 형태이다. 해당 가정의 부부 관계의 종료와는 별개로, 과거에 부부였던 사람들이 자녀

혼인과 혈연을 벗어난 공동체 가족[5]

양육을 위해 함께 사는 방식이다. 이중핵가족의 부부는 이혼해도 그들의 자녀에 대해 대등한 친권을 행사할 수 있다.

실버가족은 노인들이 자녀들과 떨어져 그들만의 생활을 하는 노인 생활 공동체이다. 다양한 이유로 가족들이 노인을 부양하는 경우가 줄어들면서 자녀와 동거하지 않고 노부부만 살거나 양로원이나 실버타운에 거주하기를 원하는 노인들이 증가하고 있다. 현재 많은 노인들이 자녀들의 부양을 기대하기보다 경제적 여유만 있다면 유료 양로원과 실버타운에서 거주하는 것을 점차 고려하고 있다.

그러나 대안가족은 사회적 인식도가 낮다. 하나의 공동 거주 형태에 불과하지 '가족'이라고 볼 수 없다는 시선도 존재한다. 심지어 법적 결속이 없어서 그 관계가 얼마나 지속성을 보장받을 수 있는지 의심의 눈초리로 바라보기도 한다. 한부모 가족, 입양 가족 또한 그들을 바라보는 사회의 시선이 아직 자연스럽지 않은 것이 한국 사회의 실정인 상황에서, 대안가족을 가능한 하나의 '가족'으로 인정하기란 쉽지 않아 보인다.

가족이란 무엇인가

『여자 둘이 살고 있습니다』는 제목 그대로 여자 둘이 한 집에 가족처럼 살면서 겪은 다양한 에피소드를 담은 책으로, 40대 중반의 두 여성 김하나, 황선우 씨가 주인공이다. 책은 두 사람이 고착화된 가족의 형태를 벗어나 새로운 가족의 모델로서 가족이라는 이름 아래 어떻게 살아가고 있는지 보여준다. 서로 어떻게 돕고 사는지, 어떤 라이프스타일을 공유하고 같은 공간에서 어떻게 생활을 하는지, 그리고 같이 여행을 가거나 행사를 꾸리고 주변의 다른 가족과 관계 맺는 과정을 이야기한다. 그러니까 두 여성이 서로의 가족들과 만나 확대되는 관계를 보여주는 것이다. 두 사람의 이야기를 통해 우리는 '가족이란 정말 무엇일까?'라는 질문을 다시 던져볼 수 있다.

몇 년 전, 대학원 수업 '가족과 친족의 인류학'에 여섯 명의 학생이 신청했다. 한 명은 미국에서 태어난 유학생이고, 다른 다섯 명은 한국 학생이었다. 한 명은 남학생이고, 다섯은 여학생이다. 한 명은 혼인을 했으며, 혼인한 학생이 아닌 다른 한 학생은 아이가 있었다. 나머지 넷은 혼인도 안 하고 아이도 없었다. 그중에는 친밀한 관계이지만 '애인'인지, '파트너'인지, '여자·남자 친구'를 명확히 구분하기 어려운 대상이 불분명하게 있었다. 모두 20대 중반에서 30대 초반이었다.

두 번째 수업에서 우리는 인류학자 조지 머독George Murdock이 정의한 '가족'에 대해 이야기했다. 머독은 가족을 "공동의 거주, 경제적 협력, 그리고 생식이란 특성을 가진 사회집단이다. 가족은 성관계를 허용받은 최소한의 성인 남녀와 그들에게서 출생하였거나 양자로 된 자녀로 이루어진다"라고 정의했다.

그런데 과연 오늘날 머독의 정의가 가족의 개념이라고 받아들일 수 있을까? 하나씩 생각해보자. 먼저, 공동의 거주. 가족이 떨어져 사는 경우는 매우 흔하다. 유학생, 기러기 가족, 주말부부는 말할 것도 없고, 필리핀이나 중국에서 이주한 입주 가사도우미들은 자신의 가족을 본국에 둔 채 다른 한국인의 아이를 돌보며 산다. 가족이 모두 공동의 거주를 한다고 보기란 어렵다.

둘째, 경제적 협력. 경제적으로 협력하는 것이 가족의 가장 중요한 이유이자 근거라고 생각하기 쉽다. 일반적으로 가족은 경제적으로 서로 돕고 돌보는 것이 당연하다고 생각한다. 따라서 부양의무제와 같은 법적 장치들이 존재한다. 부양의무제란 한국의 민법에서 성인이라면 배우자와 자녀, 생계를 같이 하는 친족을 부양할 의무가 있다고 명시한 것이다. 그런데 부양의무제는 그동안 여러 논란을 발생시켜왔다. 예를 들어, 부양의무제로 인해 최저생계비를 벌지 못하는 사람이더라도 자녀 중에 부양 가능한 경제적 능력이 있다면, 그 사람은 국가의 지원을 받기 어렵다. 문제는 자녀가 실제로 부양하지 않는 경우가 많다는 것이다. 부모가 부양하지 않는 자녀를 가족관계에서 삭제해버리면 복지 혜택을 받을 수 있지만, 그렇게 하기가 심정적으로 쉽지 않다. 그것은 가족관계를 끊어버린다는 것을 의미할 수 있기 때문이다. 현재 부양의무제는 2021년 서울시에서 폐지되었고, 점차 전국적으로 확대될 예정이라고 한다. 부양의무제의 폐지 경향은 한국에서 자녀가 부모를 부양하는 것이 점차 자연스럽고 당연한 의무에서 멀어지고 있다는 것을 의미한다.

셋째, 생식. 부부는 합법적으로 자녀를 낳아 키울 수 있는 법적 관계이다. 그렇지만 부부 중에서는 자녀를 낳아 키우지 않는 경우가 많다. 아이를 키우는 데 노력과 비용이 많이 들다 보니, 경쟁 사회에서 아이를 양육함으로써 경제적 어려움에 부딪히게 될 것을 염려하는 사람들은 출산이나 양육을 결심하기 어렵다. 또한 아직 한국에서는 합법적으로 인정하고 있지 않지만 대만은 동성 결혼을 합법화했다. 동성 간의 부부 관계에서 자녀를 생식을 통해 낳아서 키운다고 보기 어렵다. 입양을 한다든지 신기술을 이용하여 자녀를 갖는 방법이 존재하지만, 동성 부부라고 해서 반드시 자녀를 양육할 이유도 없다. 따라서 생식도 가족의 핵심적인 요건이라고 말하기가 어렵다.

수업에서 학생들은 가족에 대해서 '친밀감'이 가족을 구성하는 가장 중요한 요인이라고 생각하며 그 형식에 대해서는 열려 있는 사고를 하는 경우가 많았다. 개나 고양이 같은 동물을 포함해 친밀감을 느끼고 의지가 된다고 생각하는 존재 모두를 '가족'으로 받아들일 수 있는 게 아니냐고 말했다. 또 '돌봄'을 함께할 수 있는 관계를 가족으로 보는 의견도 있었다. 가까운 동성 친구가 늘그막한 시기에 서로 의지가 되고 돌볼 수 있다면 그것이 가족이 아니겠냐는 것이다. 거꾸로 혈연 가족 구성원 중에서도 만일 서로 간에 폭력적이라면 그것을 가족으로 볼 수 없다는 생각도 지배적이었다.

이제 한국 사회는 기존의 정상가족의 범위에서 벗어나 가족에 대한 더 많은 생각과 상상이 필요하다. 이를 전통적 규범 가족의 가치가 무너지는 것으로 여기는 우려도 있겠지만 더 이상 가부장적 가족, 정상가족이 지닌 문제점이 붉어지도록 방치할 수 없다. 삶을 저마다의 방식으로, 친밀감과 협력에 기초한 새로운 가족의 탄생을 우리 사회는 제도적으로나 인식적으로나 수용해야 할 것이다.

동아시아 세 나라 중 한국의 가족생활 만
족도가 가장 낮은 이유는 무엇인가?

동아시아 세 나라 중 한국의 가족생활 만족도가 가
장 낮은 이유는 여러 가지를 꼽을 수 있다. 그중 핵
심적 이유는 한국인의 경우, 사회가 기대하는 바
에 본인의 삶을 맞춰 살아야 한다는 관념이 강하기
때문이다. 사회적으로 기대하는 바에 따라 살아
가야 한다고 생각하는 것, 즉 남편은 돈을 벌고 가
족이 계층적으로 하위 단계로 내려가지 않도록 애
써야 하는 존재가 되어버리고, 아내는 그 목표에

사유의 새로운 지평

Philos 시리즈

인문·사회·과학 분야 석학의 문제의식을 담아낸 역작들
앎과 지혜를 사랑하는 사람들을 위한 우리 시대의 지적 유산

arte

Philos 001–003

경이로운 철학의 역사 1–3

움베르토 에코·리카르도 페드리가 편저 | 윤병언 옮김

문화사로 엮은 철학적 사유의 계보

움베르토 에코가 기획 편저한 서양 지성사 프로젝트
당대의 문화를 통해 '철학의 길'을 잇는 인문학 대장정

165*240mm | 각 904쪽, 896쪽, 1,096쪽 | 각 98,000원

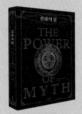

Philos 004

신화의 힘

조셉 캠벨·빌 모이어스 지음 | 이윤기 옮김

왜 신화를 읽어야 하는가

우리 시대 최고의 신화 해설자 조셉 캠벨과
인터뷰 전문 기자 빌 모이어스의 지적 대담

163*223mm | 416쪽 | 32,000원

Philos 005

장인: 현대문명이 잃어버린 생각하는 손

리처드 세넷 지음 | 김홍식 옮김

"만드는 일이 곧 생각의 과정이다"

그리스의 도공부터 디지털 시대 리눅스 프로그래머까지
세계적 석학 리처드 세넷의 '신(新) 장인론'

152*225mm | 496쪽 | 32,000원

Philos 006

레오나르도 다빈치:
인간 역사의 가장 위대한 상상력과 창의력

월터 아이작슨 지음 | 신봉아 옮김

"다빈치는 스티브 잡스의 심장이었다!"

7,200페이지 다빈치 노트에 담긴 창의력 비밀
혁신가들의 영원한 교과서, 다빈치의 상상력을 파헤치다

160*230mm | 720쪽 | 68,000원

Philos 007

제프리 삭스 지리 기술 제도:
7번의 세계화로 본 인류의 미래

제프리 삭스 지음 | 이종인 옮김

지리, 기술, 제도로 예측하는 연결된 미래

문명 탄생 이전부터 교류해 온 인류의 70,000년 역사를 통해
상식을 뒤바꾸는 협력의 시대를 구상하다

152*223mm | 400쪽 | 38,000원

Philos 018

느낌의 발견: 의식을 만들어 내는 몸과 정서

안토니오 다마지오 지음 | 고현석 옮김 | 박한선 감수·해제

느낌과 정서에서 찾는 의식과 자아의 기원

'다마지오 3부작' 중 두 번째 책이자 느낌–의식 연구에
혁명적 진보를 가져온 뇌과학의 고전

135*218mm | 544쪽 | 38,000원

Philos 019

현대사상 입문: 데리다, 들뢰즈, 푸코에서 메이야수, 하먼, 라뤼엘까지 인생을 바꾸는 철학

지바 마사야 지음 | 김상운 옮김

인생의 '다양성'을 지키기 위한 현대사상의 진수

이해하기 쉽고, 삶에 적용할 수 있으며,
무엇보다도 마음을 위로하고 격려하는 궁극의 철학 입문서

132*204mm | 264쪽 | 24,000원

Philos 020

자유시장: 키케로에서 프리드먼까지, 세계를 지배한 2000년 경제사상사

제이컵 솔 지음 | 홍기빈 옮김

당신이 몰랐던, 자유시장과 국부론의
새로운 기원과 미래

'애덤 스미스 신화'에 대한 파격적인 재해석

132*204mm | 440쪽 | 34,000원

Philos 021

지식의 기초: 수와 인류의 3000년 과학철학사

데이비드 니런버그·리카도 L. 니런버그 지음 | 이승희 옮김 | 김민형 추천·해제

서양 사상의 초석, 수의 철학사를 탐구하다

'셀 수 없는' 세계와 '셀 수 있는' 세계의 두 문화,
인문학, 자연과학을 넘나드는 심오하고 매혹적인 삶의 지식사

132*204mm | 626쪽 | 38,000원

Philos 022

센티언스: 의식의 발명

니컬러스 험프리 지음 | 박한선 옮김

따뜻한 피를 가진 것만이 지각한다

지각 동물, '센티언트(Sentients)'의 기원을 찾아가는
치밀하고 대담한 탐구 여정

135*218mm | 340쪽 | 30,000원

맞추어 집안을 잘 꾸리고 아이를 양육해야 한다는 부담을 질 수밖에 없다. 아이는 부모의 기대에 맞추어 학업에 열중하면서 살아야 한다는 압박감이 있다. 그러다 보니 가족끼리의 유대가 자유롭거나 편안하다는 느낌보다는 어쩔 수 없이 하나의 공동체로 묶여서 살아가고 있다는 생각이 더 크게 느껴진다.

가족생활 만족도를 좀 더 자세히 살펴보면, 여성이 남성보다 더 만족도가 떨어지는데, 이는 여성이 남성보다 사회적인 활동을 할 기회가 적기 때문이라고 본다. 결혼하고 아이를 출산하면서 경력단절이 된 여성들은 아무래도 자신이 할 수 있는 영역에 한계가 생기니 만족감이 떨어질 수 있다. 막상 결혼하고 나면 집안일이 대부분 자신의 몫이 되어버린다든지, 또 한국 사회는 아이의 성공에 대한 엄마의 역할과 책임을 크게 강조하니 이런 점들이 부담스럽게 느껴질 수 있는 것이다.

청소년의 가족생활 만족도는 부모들보다 더 좋지 않다. 청소년은 가족을 거의 원수처럼 여기는 경우도 많다. 언젠가 온라인 상담 사이트에서 어떤 청소년이 부모가 너무 싫다며 차라리 보육원에 가고 싶은데 어떻게 해야 하냐고 상담하는 내용도 보았다. 과거의 기준으로 생각하면, 부모 없이 보육원에서 살고 싶다는 생각 자체가 참 터무니없지만 그만큼 오늘날 한국 청소년은 부모에게 어떠한 지지나 도움을 받고 있다는 생각을 못 하는 것이다. 부모가 그저 자신을 억압하는 존재처럼 느껴지는 게 아닐까.

우리 사회는 진정 가족이 어때야 하는지를 물어야 하는, 근본적인 성찰이 요구되는 시점에 와 있다고 생각한다. 많은 사람들이 가족 없이 차라리 1인 가구를 구성하고 사는 게 낫다고 생각할 정도라면, 그동안의 가족생활 방식에 문제가 있었다고 할 수 있겠다. 과연 가족 간에 얼마나 대화를 하며 그 대화의 내용은 주로 무엇인지, 서로 힘들 때 얼마나 위안과 지지를 해줄 수 있는지 진지하게 돌아볼 필요가 있다.

핵가족에서 남성과 여성의 역할이 분명 해진 이유는 무엇인가?

먼저 핵가족이 근대 사회에 들어와서 형성되었다고 생각하는 인식이 있는데, 그렇지 않다. 핵가족이라는 형태, 다시 말해 부모와 어린 자녀로 구성된 가족 형태는 아주 오래전부터 가장 광범위하게 존재해왔다고 할 수 있다.

예를 들어, 조선 시대의 양반 가문들은 대가족을 꾸리고 살았을 것이다. 집안에 식솔들도 많고, 또 하인들로 여럿 두었을 것이다. 이들이 이처럼 대가족을 꾸릴 수 있었던 것은 넓은 면적의 토지가 있고 그 생산물을 다른 사람들과 나눠 가질 만큼의 경제적인 능력이 되었기 때문이다. 그러나 조선 시대에도 가난한 평민들은 대가족을 꾸리고 살기가 어려웠다. 토지도 크지 않을 뿐 아니라, 특히 소작농으로 산다면 자녀들의 입에 풀칠하기도 바빴을 테다. 따라서 핵가족이라는 형태가 근대 이후에 등장했다고 보기 어렵다.

그렇지만 보통 남녀 성 역할의 구분이 명백하게 나타나게 된 이유는 근대 핵가족의 형성과 관련해 이야기한다. 이때 핵가족은 성격이 상당히 다르다. 남녀의 집 안팎에서의 역할이 분명히 구분되기 시작한 것이다. 서양에서 17세기 이후에 등장한 근대적 형태의 가족은 이전의 경제적 필요에 따라 가족이 이루어졌던 것과 달리, 개인의 선택과 선호에 근거한 부부 중심의 핵가족이 만들어졌다. 부부가 중심이 되는 소가족의 형태가 그 이전에 없었던 것은 아니지만, 소가족이 가족의 표준적 모델로 승인되고 제도화된 것은 근대에 이르러서라고 본다. 보다 구체적으로 말하면, 가족이 오늘날과 같이 성과 사랑이 중심이 되는 친밀한 사적 영역으로 개념화된 것은 근대 산업사회에 이르러서이다. 경제, 규범, 교육 등의 기능이 이제 가족으로부터 독립하여 사회적 차원의 법이라든지 학교라든지 자본주의 체제로 분화되어버린 산업사회에서 가족은 애정이나 친밀함과 같은 정서적 기능을 핵심 기능으로 갖게 된다. 이 과정에서,

이른바 공적 영역인 가정 밖에서의 역할과 사적 영역인 가정에서의 역할이 분리되게 된 것이다. 그렇게 남성은 바깥에서 일하며 가족의 생계를 책임지고, 여성은 집 안에서 일을 하고 아이를 돌보며 가족의 정서를 다루는 역할이 중요하게 되었다. 이 변화 속에서 오늘날 우리가 말하는 근대 핵가족의 이념과 남녀 성 역할의 분화가 발생했다고 할 수 있다.

3부

완전한
행복을
위한

젠더 해방

요즘 젊은 남성들은 가부장적 문화의 혜택을 받은 것은 윗세대의 남성들이고 자신들은 배제되었다고 느낀다. 여성은 성별에 따른 구조적 불평등을 없애야 한다고 주장하는 반면, 남성은 각종 여성 우대 정책으로 '역차별'을 당한다고 주장한다. 이 같은 젠더 간의 불평등에 대한 서로 다른 인식은 수많은 갈등을 야기하고 있다.

혐오의 시대를
살아가는 사람들

현대 사회의 남성과 여성

가치관은 인간이 자신이 속한 세상을 바라보는 관점으로, 삶이나 어떤 대상에 대해 무엇이 좋고 바람직한 것인지를 판단하는 기준이 된다. 즉 개인이 세상을 어떻게 바라보고 세상과 자신의 접점을 찾으며 형성되는 것이다. 한국 사회는 급격한 경제 성장으로 빠르게 변화했지만, 개인의 가치관은 사회 변동의 속도를 따라가지 못했다. 오히려 급격한 사회 변동으로 세대별로 경험한 사회의 모습이 다르며, 사회 관습과 구조에 따른 성별 간의 갈등이 깊어졌다. 이는 다양한 사회 문제를 야기하고 있다.

한 결혼 정보 업체에서 조사한 '이상적 배우자의 모습'

2012년		조건	2020년	
이상적 남편	이상적 아내		이상적 남편	이상적 아내
177.49cm	163.74cm	신장	178.5cm	163.4cm
4482만 원	3543만 원	연소득	5749만 원	4328만 원
2억 1214만 원	1억 5977만 원	자산	2억 7795만 원	1억 9761만 원
3~4세 연상	3~4세 연하	연령 차이	1~2세 연상	2~3세 연하
4년제 대졸	무관	학력	4년제 대졸	4년제 대졸
공무원·공사> 사무직>금융직	교사>공무원·공사> 사무직	직업	공무원·공사	공무원·공사
성격>경제력>외모, 가치관	성격>외모>가치관	고려사항	성격>가치관> 경제력	성격>가치관>외모

2012년과 2020년의 이상적 배우자 조건

을 통해 한국 사회의 가치관을 살펴보자. 먼저 2012년
의 자료를 보면 여성은 배우자로 4년제 대졸 이상의 공무
원·공사 종사자를 선호하며, 남성의 경우 배우자의 직업으
로 교사와 공무원을 이상적인 조건으로 꼽고 있다. 또한 남
성은 성격, 경제력, 외모와 가치관의 순으로 여성은 성격,
외모, 경제력, 가치관 순으로 배우자를 고려한다.

2020년의 자료를 살펴보자. 과연 남녀가 생각하는 이상
적 배우자의 모습에 변화가 있을까? 학력은 남녀 구분 없

이 4년 대졸을 선호하는데, 이는 한국 사회의 보편적 학력 수준을 나타낸다. 한국 사회만큼 많은 사람들이 대학에 가는 사회 또한 드물며, 현재 고등학교 졸업자의 80~90퍼센트 이상이 대학에 진학 중이다. 배우자의 직업으로는 8년 전과 변함없이 공무원·공사를 선호하며, 남녀 모두 성격을 배우자의 가장 중요한 고려 대상으로 생각한다. 성격 외 고려 대상으로 여성은 남성의 가치관과 경제력을, 남성은 여성의 가치관과 외모를 중요시한다.

경제력이나 외모와 같은 것은 결혼할 당시에 비교적 구체화해 표현하거나 평가할 수 있는 조건이지만 그에 비해 가치관은 모호한 조건이라고 할 수 있다. 도대체 가치관은 무엇이기에 결혼할 때 중요하게 여기는 것일까. 바로 그 지점이 오늘날 한국 사회에서 갈등의 문제로 주목하는 것으로 많은 사람들이 생각하는 다양한 관점을 반영하는 게 아닐까 싶다.

이번에는 '맞벌이 가구의 증가'를 도식화한 자료를 보면서 한국 사회의 특징을 살펴보자. 2011년부터 2019년까지 맞벌이 가구 수의 증가를 보여주는 그래프다. 감소의 폭도 보이긴 하지만 대체로 증가하고 있으며, 2019년에는

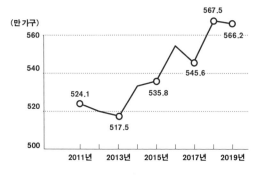

(만 가구)

567.5
566.2
545.6
535.8
524.1
517.5

2011년 2013년 2015년 2017년 2019년

2011~2019년 맞벌이 가구의 수(자료: 통계청)

경제활동 참가율

(%)

72.7%
71.4%
52.5%
55.2%

2015년 2019년

주당 36시간 미만 유급노동 비율

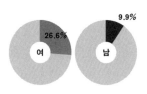

9.9%
26.6%
여 남

서울 시민의 가사노동 시간

(분)

2시간 26분
2시간 1분
41분
38분

일반 가정 맞벌이 부부

시간당 평균 임금

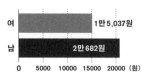

여 1만 5,037원
남 2만 682원

0 5000 10000 15000 20000 (원)

2019년 기준의 남녀 생활 지표

566만 2천 가구가 맞벌이 가구임을 나타낸다.

　가사노동 시간, 경제활동 참가율 등 여성과 남성의 생활 지표를 다룬 그래프를 살펴보자. 먼저 남녀의 경제활동 참가율을 보면 2015년과 2019년 모두 큰 차이가 없다. 남성이 여성보다 경제활동에 더 많이 참여하고 있으며, 여성도 50퍼센트 이상이 경제활동을 하고 있다. 그런데 가사노동 시간을 살펴보면 남녀 간의 차이가 크다.

　2019년 15세 이상 서울 시민을 대상으로 하루 평균 가사노동에 참여하는 시간은 여성이 2시간 26분이며 반면 남성은 41분에 불과하다. 흥미로운 점은 맞벌이 부부의 경우에도 비슷한 양상을 보인다는 것이다. 남성, 여성 모두 직장에서 벌이를 하지만 가사노동 시간 여성이 2시간 1분, 남성은 38분으로 나타났다. 여성이 남성보다 약 4배에 이르는 시간을 가사노동에 투여하는 것이다. 또한 시간당 평균 임금을 살펴보면 남성이 2만 682원인데 반해서 여성은 1만 5,037원으로 크게 차이가 났다. 이렇듯 한국 사회에서 구조적으로 여성과 남성의 조건이 달리 보이며, 차별의 요소가 있음을 드러낸다.

깊어지는 젠더 갈등

최근 많은 사람들이 느끼듯 젠더와 관련한 각종 사회 이슈들이 한국 사회의 주요 화두로 떠올랐다. 2000년대 중반 이후 온라인에서 여성 혐오가 확산된 것이 그 시작이라고 볼 수 있다. 물론 그 이전에 여성 혐오와 관련한 문제 제기나 담론들이 없었던 것은 아니다. 특히 1997년 IMF로 인해 경제적으로 어려운 상황에서 사치를 누리는 일부 여성에 대한 비난의 목소리는 2000년대 중반부터 온라인에서의 여성 혐오로 확산되었다.

대표적으로 '김치녀'라는 단어의 등장이 그렇다. 이 단어는 남성의 재력을 밝히고 남성을 경제력으로 평가하며 남성을 통해 쉽게 신분 상승을 하려고 하는 여성을 지칭하는 표현으로 쓰인다. 특히 온라인에서 젊은 여성을 향한 비난과 혐오에 대한 표현으로 그들을 원색적으로 비난하는 은어로 사용되었다. 이러한 여성 비하와 혐오 발언에 대한 반발로 2010년 중반에는 '한남충'이라는 표현이 등장했다. 한남충은 한국 남자에 벌레라는 뜻의 충蟲을 붙여 만든 단어로 남자라는 자격에 으스대면서 무능하고 쩨쩨한 특성의 한국 남자를 통틀어 비하하는 단어이다. 이렇게 온라인

상에서 서로 다른 젠더가 상대를 공격하고 비난하며 심지어는 혐오하는 담론이 확산되었다.

특히 2016년 '강남역 살인사건'은 한국 사회에 페미니즘 운동이 확산되는 데 상징적인 역할을 했다. 한 남성이 서울 강남역 인근의 남녀공용 화장실에 숨어 있다가 일면식도 없는 여성을 흉기로 수차례 찔러 살해한 사건으로, 사건 이후 피해 여성에 대한 추모 시위와 여성 혐오에 대한 사회적 논쟁이 격화되었다.

강남역 살인사건 이후 강남역 주변은 성폭력, 데이트 폭력, 여성 혐오에 대한 많은 여성들의 공감과 문제 해결에 대한 메시지로 도배되었다. 2018년에는 소위 N번방이라고 하는 디지털 성범죄 사건으로 여성들은 "나의 일상은 너의 포르노가 아니다"라는 구호를 외칠 수밖에 없었다. 공공장소뿐만 아니라 심지어 애인 사이에서도 발생하는 불법 촬영 문제에 대한 여성의 외침이자 사회에 던지는 메시지였다. 이렇듯 약 15년 동안 벌어진 젠더 불평등 문제는 사회구조적으로 여전히 남녀 차별이 존재하며 세대와 성별 간의 가치관이 확연히 다름을 시사한다.

당시 전 세계적으로 미투 운동이 일어나면서 사회적 약

자인 여성과 아동, 소수 인종이 자신의 피해 사실을 드러내며 서로를 독려하고 서로의 경험을 통해 공감하고 연대하며 용기를 내어 사회를 바꿔갈 수 있는 분위기가 형성되었다. 한국에서도 SNS를 통해 해시태그 운동을 하면서 미투 운동의 움직임이 시작되었고, 미투 운동의 확산과 디지털 성범죄의 이슈 등이 맞닿으며 여성들의 대규모 시위가 서울 혜화동을 비롯해 여럿 있었다. 이 같은 분위기는 2018년 말 20대 남성의 정부 여당에 대한 지지율이 하락하면서 젠더 이슈가 정치적 영역에서 주목받게 하는 요인이 되었다.

한국 사회의 20대를 대상으로 인터뷰를 해보면 이들은 가장 심각한 갈등으로 '젠더 갈등'을 꼽는다. 한국 사회의 경제적 분배, 정치적 이념, 지역주의 등 사회를 양분하는 전통적 갈등 외에 젠더 문제가 급격히 부상한 것이다. 젠더 문제는 세대 간, 남녀 간의 극심한 인식 격차를 보이며 한국 사회에서 가장 뜨겁고 중요한 문제가 되었다.

불평등에 대한 서로 다른 인식

2019년 한국여성정책연구원의 〈미투 운동 이후 사회 변화에 대한 의견 조사〉 연구에 따르면 한국 사회가 여성에게 불평등하다고 생각하는 국민은 여성이 71.3퍼센트, 남성은 33.7퍼센트였다. 반면 남성이 불평등한 사회라고 생각하는 국민은 여성이 6.8퍼센트, 남성이 25.8퍼센트에 달했다. 이러한 답변으로 보아 한국 사회는 여성이 불평하다는 인식이 전반적으로 많으며, 특히 여성들이 불평등에 대해서 공감하고 있다는 것을 알 수 있다. 동시에 사회가 특정한 성별에 불평등한가에 대해서 남녀의 입장이 다르게 나타나는 지점은 한국 사회가 젠더 이슈에 대한 많은 고민이 필요함을 보여준다.

2018년 한국여성정책연구원의 따르면 20대 여성의 48.9퍼센트가 스스로를 페미니스트라고 인식하고 있다고 한다. 당시 미투 운동 및 혜화동 시위 등의 상황을 감안하더라도 20대 여성의 절반에 가까운 수가 자신을 페미니스트로 규정한 것은 매우 높은 수치다. 반면 젊은 남성 세대의 경우 가부장적 문화의 혜택은 기성 남성이 받은 것으로 오히려 페미니즘이나 여성 전용 시설과 정책으로 자신의 세대가 역차별을 받고 있다고 느꼈다.

예를 들어 가부장적 사회는 아버지가 중심이 되고 아버

지의 권위가 어머니 혹은 자식들을 억압하거나 그들을 상대적으로 수동적 입장에 위치시키는 위계적 문화의 가족 구조를 형성한다. 하지만 요즘 젊은 남성들은 가부장적 문화의 혜택은 윗세대의 남성들이 받은 것으로 자신들은 배제되고 오히려 페미니즘, 여성 정책으로 역차별을 받고 있다고 느낀다. 과거에 비해 성인지 감수성, 인권 교육 등을 학교에서 받으며, 남녀가 동등한 대우를 받으며 학교생활을 해왔지만, 20대가 되면 '군 입대' 문제를 마주하면서 불공정을 느끼는 것이다. 20대 남성은 남녀의 임금 격차, 직장생활 중 승진에서의 성차별, 맞벌이 부부의 가사노동 등을 경험한 비율이 비교적 적다. 여성은 성별에 따른 구조적 불평등을 없애야 한다고 주장하는 반면 남성은 각종 여성 우대 정책으로 '역차별'을 당한다고 주장한다. 이 같은 젠더 간의 불평등에 대한 서로 다른 인식은 수많은 갈등을 야기한다.

그러나 20대 남성들이 생각하는 역차별에 대한 인식은 잘못된 사고에 기반하고 있다. 먼저 조금 다른 이야기처럼 들릴 수 있겠지만, 인종차별을 한번 생각해보자. 미국 사회에서 흑인에 대한 차별 문제를 논할 때 만일 과거에 비해 오늘날 흑인들의 지위가 훨씬 상승했다는 이유로 흑인들이 자신의 인종차별을 언급하는 것이 부당하다고 이야기할 수 있을까? 그건 정당하지 않다. 분명 과거보다 흑인의 지위와 권리가 상승한 것은 사실이지만, 그렇다고 해서 오늘날 흑인의 지위나 권리, 또는 사회적 인식이 백인과 동등하지 않으며 여전히 열등하고 차별적 위치에 있기 때문이다. 마찬가지로 오늘날 한국 여성들이 과거의 여성에 비해서 지위나 권리 측면에서 상승한 것은 사실이지만, 그렇다고 해서 여성들이 남성들과 평등하다고 말할 수 없다. 앞서 살펴본 것처럼 여성은 여전히 남성과 동등하지 못하고 낮은 대우를 받으며 살아가고 있기 때문이다.

또한 남성들이 '군 입대' 문제에 직면해 여성과 달리 20대라는 중요한 시점에 자신의 시간을 국가에 쏠 수밖에 없는 상황을 차별이라고 느낄 수 있다. 그렇지만, 남성과 여성 간의 차별 문제는 단지 1~2년간의 단기적 시점의 문제로 생각해서는 안 된다.

남성과 여성이 결혼하여 가정을 꾸린다고 해보자. 아이 양육은 누가 담당하게 될 것인가? 남성과 여성 사이에서 아이가 태어나지만, 대부분의 가정에서 남성보다 여성이 양육을 전담하게 되고 그 시간을 단순화한다면 군 입대 기간보다 더 길 것이다. 만일 '군 입대'가 그토록 남성에게 차별적이라면, 어째서 30대 이상의 남성 대부분은 남성의 역차별에 대해서 그다지 논하지 않을까? 30대 남성들이 직장생활이나 가정생활을 하면서, 자신들이 여성에 비해 상대적으로 우월한 위치에 있다는 것을 경험적으로 느끼고 있기 때문은 아닐까. 회사에서 승진 문제가 걸려 있을 경우, 여성은 결혼이나 출산 등 여러 가지 이유로 인해 남성보다 상대적으로 열악한 위치에 놓인다. 또한 사회적으로 높은 위치에 있는 직업일수록 남성이 여성보다 훨씬 다수를 차지하고 있다. 정치인이나 기자, 교수, 의사 등의 직업군을 살펴보자. 어째서 사회 각계각층에서 여성의 활약은 남성에 비해 눈에 띄지 않는 것일까. 이 질문에 대해 생각해볼 필요가 있다.

누가 평등을
말할 수 있을까

노년층의 젠더 인식

급격한 사회적 발전과 변화 속에서 노년층의 젠더 인식에는 어떤 변화가 있을까. 2014년 분당 서울대병원과 수행한 연구를 소개하고자 한다. 치매에 걸린 아내 혹은 남편을 둔 배우자들의 경험에 대한 연구로, 대상자는 모두 70대 이상의 노인 세대다. 그들에게 도움을 주기 위한 취지에서 진행한 연구였는데, 흥미로운 결과를 발견했다. 연구 방식은 남편이 치매에 걸린 여성을 모아 초점 집단을 만들어 집단 토론을 하게 했다. 이들이 남편을 돌보는 데 가장 어려운 점은 남편의 불같은 화 또는 폭력이라고 고백했는데, 치매의 정도나 종류에 따라 반응은 달랐지만 남편이 감정 조절에 어려움을 겪고 있었다. 이는 화를 내거나 폭력을 휘두르는 측면은 가부장적 남성으로서의 태도가 일부 반영된 것이라 볼 수 있다. 반면 남성의 경우 아내의 치매로 가장 어려운 점은 아내가 식사 시간을 잊고 끼니를 제대로 챙겨주지 않는다는 것을 언급했다. 두 결과를 놓고 보자니 슬프면서 씁쓸한 마음이 들었다.

연구 결과는 70대 부부의 남성과 여성에 대한 역할 인식을 드러내고 상대방을 향한 기대치를 보여준다. 고령층의 부부 관계에 있어서 아내는 남편이 화를 내지 않고 다정하고 친절하게 대하는 것이 중요하며 화를 내거나 폭력을 휘두르는 것에 대해 두려움을 갖고 살았다는 것을 알 수 있다. 거꾸로 남편의 경우 아내에게 기대하는 것은 제때 집안일을 하면서 아이들을 잘 돌보는 일임이 확인되었다. 한국의 고령층에게 젠더의 역할 구분은 매우 확고하게 나뉘며 고정된 것으로 보인다.

고령층 세대에게 아들은 딸보다 귀하게 대접을 받은 존재이며 딸은 여자라는 이유로 일찍 노동 현장에 나가 오빠나 남동생의 학비를 대거나 여건이 안 된다면 학교에 보내지 않아도 된다는 인식이 강했다. 그뿐 아니다. 딸은 일상적으로 소소한 차별을 받는 경우가 빈번했다. 우스갯소리로 가족끼리 닭고기를 먹을 때 딸은 닭다리 구경조차 하지 못했을 정도다. 맛있는 음식이 있을 때, 좋은 일이 있을 때, 중요한 결정을 할 때 여성은 늘 뒷전이었다. 일상의 영역에서부터 교육은 물론 자아실현을 하는 데까지 남녀의 차별이 당연한 사회 분위기에서 여성은 많은 벽에 부딪히며 살아왔다. 그에 비하면 오늘날의 젊은이들은 적어도 가정과 학교에서의 차별이 상대적으로 줄었다고 할 수 있을 것이다. 물론 집안 분위기마다 정도의 차이는 있겠지만 이제 사회에서는 양성평등 문화가 상식으로 자리잡고 있다. 이처럼 세대 간에는 사회 성장의 빠른 변화만큼 젠더 인식이 서로 다르다고 할 수 있다.

치매 환자 배우자 연구에서 젠더 간의 차이를 볼 수 있었던 질문 중 하나가 바로 치매에 걸린 배우자를 얼마나 돌볼 수 있는지 그 여부를 묻는 것이었다. 남편의 경우 3개월 이상 아내를 직접 돌보기 어렵다는 답변이 많았으며, 대다수가 요양원이나 도우미를 통해 배우자를 돌보는 방향으로 전환하겠다고 이야기했다. 반면 아내의 경우 남편이 죽을 때까지 돌봐야 한다고 공통적으로 이야기했다. 이 또한 고령층의 젠더 관념을 반영한다고 볼 수 있다.

이 같은 치매 환자의 배우자 연구는 한국에서만 진행한 것이 아니라 미국과 유럽에서도 진행되었다. 치매 환자가 배우자로 있을 경우 부부의 관계를 회복하는 방식으로 부부가 과거부터 지금까지의 사진첩을 함께 보는 것을 공통적으로 권장했다. 부부가 사진첩을 보면서 "아, 이때 우리가 이렇게 연애해서 만났지", "여기서 결혼했을 때 누가 축하를 해주었지", "우리의 첫아이가 태어난 날이구나" 등의 이야기를 서로 나누며 치매 환자와 배우자의 관계를 회복하자는 취지였다.

그런데 흥미롭게도 한국의 경우에는 부부가 사진첩을 함께 보면서 관계 회복을 하기 바랐지만, 예상과 달리 오히려 부정적 결과를 낳았다. 사진첩을 보면서 "아유, 첫째 아이 낳을 때 당신은 출장 간다고 바빠서 오지도 않았어", "둘째를 낳을 때 나는 그렇게 아픈데도 당신은 술 마시고 또 와서……"와 같은 식으로 두 사람의 좋지 않은 경험들이 상기되고 부부의 친밀감이나 애정 관계보다는 아버지로서, 어머니로서의 역할과 관념이 논쟁 대상이 되었다. 이는 고정된 젠더 관념 속에 살아온 고령층 세대의 모습을 반증한다고 볼 수 있다. 그래서 젠더라는 것은 남녀의 문제라고 생각하기 쉽지만 그것이 세대에 따라서 어떻게 달라질 수 있는지 사회문화적 맥락과 거시적인 측면에서 함께 바라보아야 할 필요가 있다.

달라도 너무 다른 가치관

2018년 한국여성정책연구원 연구에 따르면 오늘날 여성성뿐 아니라 남성성이 변화하고 있다고 한다. 새로운 남성성의 등장은 한국 사회가 주목해야 할 지점이다.

20대 남성은 50대 남성과 달리 가사와 양육을 남녀가 함께해야 한다고 인식하고 있으며, 남성이 가부장으로서 반드시 돈벌이를 해야 한다고 생각하지 않는다. 어떤 면에서는 여성의 인식과도 비슷한 지점이 있다. 군대를 다녀오는 것이 진정한 남자가 되는 길이라고 생각하는 50대 남성에 비해 20대 남성은 군대 생활을 '시간과 정력 낭비'라고 여기며, '군 입대'를 오히려 남성을 차별하는 요인이라고 인식한다. 또 업무 분담에서 무겁고 힘든 일을 전적으로 남성에게 시키는 문화에 대해서도 차별이라고 본다. 이렇듯 50대 남성과 20대 남성을 비교할 때 남성성에 대한 인식이 크게 변화한 사실을 살펴볼 수 있다.

그렇다면 이러한 젠더 갈등의 구조적 원인은 무엇일까. 20대 남성은 윗세대와 달리 가족과 학교에서 남녀평등과 인권 교육을 받았다. 앞서 언급한 것처럼 이들은 여성을 남성보다 부족하다거나 약자라고 인식하지 않는다. 가족관계에서나 학교에서 양성평등을 실천했으며 남녀평등이 상식적인 사회적 분위기에서 성장했다. 그러다 20대가 되면서 처음으로 군대 문제를 통해 남성 차별을 즉각적으로 인지하게 된 것이다. 30, 40대 남성을 조사해보면 여성이 차별을 받고 있다는 것에 대해서 상당수가 동의하는 입장을 보이는데, 그들은 사회생활을 통해 여성의 임금 수준이나 대우에서 차별받고 있다는 것을 명명백백 알게 되기 때문이다. 하지만 20대 남성의 경우 사회에 진입하지 않은 상황에서 군대 문제를 직면하며 젠더 문제를 받아들인다.

20대 여성의 경우, N번방 사건과 같은 다수의 여성 혐오, 성적 대상화로 인한 불안과 공포를 느끼며 살아간다. 이러한 일상적 불안은 기성세대로서 매우 안타깝다. 내가 20대에는 경험하지 못한 일상적 불안을 오늘날의 여성들은 떠안고 살기 때문이다. 공중화장실을 사용할 때 누가 찍고 있지는 않은지, 애인과의 만남이나 잠자리가 촬영되어 그것이 인터넷에 돌아다닐 수도 있다는 공포가 일상에 도사리고 있다. 게다가 취업 구조, 사회적 태도는 여전히 여성에게 불평등한 상황이다.

이렇듯 극심한 경쟁 사회에서 노년층과 젊은층은 서로 다른 젠더 인식을 지녔으며 그 격차가 상당히 크게 존재한다. 윗세대와 젊은 세대는 서로 다른 경험으로 인해 젠더 갈등 자체를 이해하기가 어렵고, 이는 세대 간 갈등으로 이어지고 있다. 가령 일상적으로 결혼을 통해 서로 다른 가족이 만날 때 가장 크게 느낄 수 있다. 며느리와 시어머니의 갈등, 사돈 간의 입장 차이, 남편과 아내의 기대치 등으로 말이다. 그렇기에 많은 사람들이 불편함과 거부감을 피해 비혼을 선택하기도 한다. 앞서 결혼정보업체에서 남녀 모두 배우자를 고를 때 주요 요인으로 가치관을 높은 기준으로 생각한다는 것을 살펴보았는데, 이는 젠더에 관해 남녀가 어떠한 생각을 갖고 있는지, 그 역할과 관점이 배우자를 보는 주요 요인으로 작동하는 것으로 보인다.

평등의 참된 의미

절대적 권위를 누리는 아버지를 중심으로 한 가부장적 가족제도가 한국 사회에 굳건히 자리잡았을 때, 사람들은 남녀평등이나 가족 성원 간의 '평등'의 가치를 관심 있게 이야기하지 않았다. 아버지는 당연히 아버지라는 위치를 누리는 한 가정의 절대자로서 군림하고 어머니나 자녀들은 그러한 아버지의 권위에 복종하는 것을 당연하다고 보았기 때문이다. 또한 아들이 딸보다 우선시되고, 큰아들이 작은아들보다 앞서는 것도 당연하다고 생각되었다.

이러한 가족관계가 바람직하다거나 현재도 계속되어야 한다고 말하려는 것은 결코 아니다. 그보다 남녀 간의 평등이나 가족 내 성원 간의 평등 문제는 다른 제도적·문화적 장치들과 마찬가지로 역사적 맥락과 사회 변화 속에서 만들어져온 것이라는 사실이 중요하다. 사회가 발전한다는 것은 무엇일까. 여러 의미를 지니고 있지만, 그중 한 가지는 태어날 때 가지고 난 특질에 의해서 차별받지 않고 동등한 기회를 부여받는 사회로의 진전을 뜻할 것이다. 태어날 때 그 사람이 어떠한 성별을 가졌는지, 장애가 있는지 없는지, 어떠한 경제적 여건을 갖추었는지와 상관없이, 가능한

한 사회생활에서 균등한 기회를 부여받을 때 우리는 그 사회가 이전보다 더 진보한 사회라고 말할 수 있다.

대한민국 헌법은 제11조 제1항에서 "모든 국민은 법 앞에 평등하다"라고 밝히면서 국민의 기본적 권리로서 평등권을 명시하고 있다. 평등권은 국민의 권리이기도 하지만 국가를 초월한 인간 본연의 권리, 즉 천부인권에 속한다. 국가가 이것을 제도화한 것은 인간의 기본적 권리를 확인하고, 국가의 운영과 제도를 마련하는 데 이를 기본 방향으로 삼겠다는 의지를 보인 것이다.

헌법 제11조의 평등권은 "누구든지", "모든 국민은"과 같은 표현을 사용하는데, 이 개념을 해석하는 방식은 두 가지가 있다. '똑같이'로 해석하는 방법과 '다르게'로 해석하는 방법이다. 평등을 '누구든지 똑같이'로 해석하는 경우, 이것을 '형식적 평등'이라고 부른다. 그리고 '다른 것은 다르게'로 해석하는 경우, 이것을 '실질적 평등'이라고 한다. 흔히 '평등'이라는 말은 '누구든지 똑같이'로, 즉 형식적 평등으로 해석하기 쉽다.

그렇다면 우리나라 헌법이 말하는 '평등'에 대해 헌법재판소는 어떻게 해석하고 있을까. 헌법재판소는 다음과 같이 명백한 개념 정의를 내리고 있다.

"헌법 제34조 제1항은 모든 국민은 인간다운 생활을 할 권리를 가진다, 제5항은 신체장애자 및 질병·노령 기타의 사유로 생활 능력이 없는 국민은 법률이 정하는 바에 의하여 국가의 보호를 받는다고 규정하여 사회국가 원리를 수용하고 있어, 결국 우리 헌법은 자유 시장 경제 질서를 기본으로 하면서 사회국가 원리를 수용하여 실질적인 자유와 평등을 아울러 달성하려는 것을 근본이념으로 하고 있다(헌법재판소 2001. 2. 22. 99헌마365 결정, 1998. 5. 28. 96헌가4 결정)."

이처럼 헌법재판소는 우리나라 헌법이 지향하는 '평등'을 '실질적 평등'으로 해석하고 있다. 실질적 평등은 모두를 '똑같이' 대우하는 것이 아니라 '다른 것은 다르게' 대하라는, 즉 차이에 대한 존중이 평등의 본질임을 밝힌다. 차이에 대한 존중이란 인간다운 생활 수준에 도달하지 못하는 사각지대에 있는 국민의 삶을 일정 수준 이상이 될 수 있도록 보장하고, 신체적 능력 등 기타의 사유로 상대적 기회가 부족한 사람에게는 기회의 균등을 보장하는 것을 말한다.

'똑같다'라는 의미의 평등은 영어로 'Equality'이다. 반면에 '다른 것을 다르게'라는 의미의 영어 단어는 'Equity'이다. Equity의 의미를 살려 번역하면 '형평'에 가깝다. 다른 것을 다르게 취급하여 전체적인 형평, 모두에게 일정 수준 이상의 삶을 보장하는 것을 말한다.

우리나라 헌법은 기본적으로 국민의 '자유'를 최대한 보장한다. 직업을 가질 것인지, 결혼을 할 것인지, 어디에 거주할 것인지 등에 대해 국가는 원칙적으로 간섭하지 않는다. 다만, 그 자유를 누리는 과정에서 실패하거나 사회적 요인 때문에 곤란을 겪거나, 신체적 문제, 나이, 성별 요인 등으로 형평이 어긋나거나 정의롭지 않은 상황이 발생할 때는 '누구나' 국가에 대해 보호를 청구할 수 있다. 이러한 형평의 개념에 근거해서 남녀평등을 생각해본다면, 오늘날 '형식적 평등'의 관점에서 논쟁이 되는 것은 좀 더 재고해볼 여지가 있다.

젠더를 넘어
성평등으로

젠더 갈등 해소를 위한 출발점

세대 간 성별 간의 깊은 젠더 갈등은 어떻게 좁혀나갈 수
있을까. 먼저 세대 간의 관계에 대해서 말하자면, 한국 사
회에서 세대 간의 경험치가 다르다는 것을 서로 인정하는
사회적 풍토가 필요하다. 앞서 말했듯이, 한국 사회는 급격
한 성장 속에서 세대 간의 문화적 차이가 매우 크다. 상호
간의 소통에 서로가 좀 더 노력을 기울여야 하는 상황이다.
무엇보다 기성세대가 젊은 세대를 변화하는 사회적 흐름
속에서 이해하고 받아들여야 한다. 비교적 권위와 힘, 능력
을 가진 기성세대가 가치관에 있어서 위계 관계를 성립해
서는 안 될 것이다. 기성세대가 변화하는 세대에 대한 감각

을 익히고, 젊은 세대 또한 앞선 세대가 왜 그럴 수밖에 없었는지에 대해 생각할 수 있는 상호 간의 이해와 심적 여유가 필요하다. 서로에 대한 이해와 인정이 혐오와 미움보다 앞서야 한다.

그렇지만 성별 간의 차이를 마치 세대 간의 차이인 것처럼 생각하는 오류는 벗어나야 한다. 사람들은 때때로 젠더 차별이 세대 간에 이루어지고 있는 것처럼 착각하곤 한다. 젊은 여성들이 나이든 여성들이 해왔던 일들을 폄하하고 심지어 그들을 육체적으로나 정신적으로 착취하고 있다는 듯이 말이다. 그러나 성별 간의 차이는 근본적으로 세대 간의 문제가 아니다.

대부분의 국가는 경제 성장을 하면서 여성 차별이 더 심각해졌지만 이 사실은 잘 알려지지 않았다. 교육 기회나 법률상의 문제에서 여성에 대한 보장이 더 커지면서 여성 차별의 심각성이 가려져 잘 보이지 않았기 때문이다. 그러나 단적으로 경제 부문에서 여성은 사회 진입 비율이 늘어났음에도 불구하고 여성 임금은 상대적으로 남성 임금보다 더 적어졌다. 같은 직종에서 일하면서 동등한 임금을 받는 여성은 극히 드물 것이다. 그뿐 아니다. 집안일이라고 치부

되는 노동이나 아이 양육과 관련된 노동은 여전히 금전적으로 환산되지 않으며, 이른바 '그림자 노동'으로서 많은 여성이 무료로 봉사하는 일이 되고 있다. 최근 젊은 세대는 집안일이나 양육을 서로 나누는 경우가 많다고 하지만 여전히 대부분 여성의 일로 남아 있다.

젠더 갈등을 좁히기 위해서 전통적 젠더 구분, 가족, 남성성, 여성성을 넘어 각자가 편안하게 느끼는 삶의 방식을 자유롭게 추구할 수 있어야 한다. 다양한 젠더와 성 정체성을 제시하는 교육은 물론 이를 지지하는 법제적 장치가 필요할 것이다.

국가 주도의 자본주의 사회는 이상적인 국민의 전형으로서 남성 노동자를 상정해왔다. 남성 노동자는 생계부양자이자 가족의 가장으로 여겨졌다. 남성 노동자의 임금은 전적으로 가족의 생계를 부양하지 않더라도 주요 소득원이라고 보았던 반면, 아내가 벌어들인 소득은 얼마이든 부차적인 것으로 간주되었다. 이처럼 심각하게 젠더 편향적 '가족임금'의 구성은 국가적 고용, 복지 문제를 다룰 때 기본적인 근간이 되었다. 가족임금 제도는 젠더 규범을 규정했고 그것을 위반하는 사람을 훈육했으며 가정 안에서 남성의 권위를 강화하는 데 한몫했다. 또 임금노동에 가치를 부여함으로써 무임금 돌봄 노동과 집안에서 이루어지는 재생산 노동의 사회적 중요성을 보지 못하게 했다.

사실 이러한 관점은 다양한 가족 형태를 배제하고 있다. 이에 따라 기존의 '정상가족'에서 소외된 여러 형태의 가족, 특히 여성이 세대주이거나 남성이 포함되지 않는 가족의 경우에는 문화적 편견뿐 아니라 경제적으로도 피해를 볼 수밖에 없었다.

2부에서 '가족'을 주제로 살펴봤듯이, 오늘날의 가족은 더 이상 규격화된 가족의 형태가 아니다. 친구와 둘이 사는 것도 가족으로 여길 수 있고 반려동물과 가족을 꾸릴 수도 있다. 또한 동성혼을 통한 새로운 가족이나 이미 한국 사회에 증가하고 있는 한부모 가족과 다문화 가족 등 다양한 형태의 가구와 가족 들이 한국 사회에 존재한다. 이 같은 상황에서 과거에 주장했거나 유지되었던 젠더 관계와 세대 관계의 관념이 지속되기란 어렵다는 인식이 널리 퍼져야 한다..

남녀에 관한 사회적 인식에서도 변화가 필요하다. '남자는 평생 세 번만 울어야 한다'거나 '여성은 항상 얌전하고 조신하게 행동해야 한다'는 한쪽으로 치우친 고정된 성역할이나 정상성의 개념을 버려야 한다. 정체성에 대한 강요나 압박에서 벗어나 다양한 정체성을 용인하고 자신의 삶 자체를 자유롭게 추구할 수 있는 사회적 분위기가 형성되어야 한다. 사회의 변화에 따라 남성성, 여성성의 성격이 변화할 뿐 아니라 그러한 구분 자체가 유동적일 수 있음을 받아들이는 유연함이 필요하다.

군 입대 문제에 대한 근본적 고민도 필요하다. 군 입대 문제는 20대 남성들의 대표적 사안으로 그들이 군대에 가기 싫어하는 마음이 드는 것은 너무나 당연한 일이라 생각한다. 그렇기에 우리 사회에 병역 문제는 늘 정치인이나 다른 사람의 문제를 통해 뜨거운 감자로 대두된다. 과연 우리 사회가 현 군 입대 제도를 유지하는 것이 옳은 일인지, 여성들에게 입대를 대체할 수 있는 제도를 만들어 남녀평등의 대안적 제도를 만들어야 하는 것인지 등의 고민이 필요하다고 생각한다.

성폭력 없는 사회를 위하여

지난 몇 년간 한국 사회는 지도자급 인사들의 성추행, 성폭력 문제로 시끄러웠다. 그중에는 여성 문제에 대해 진보적 관점을 표명하는 사람들도 적지 않았기에 사회적 파장은 더 클 수밖에 없었다. 지도자급 정치인뿐만이 아니었다. 학계, 예술계, 체육계 분야를 가릴 것 없이, 성추행, 성폭력 문제는 곳곳에서 불거졌다.

성폭력sexual violence이란 개인의 성적 자율권을 침해하는 정신적, 언어적, 신체적 폭력으로, 상대방의 의사에 반하여 이뤄지는 모든 성적 언행을 말한다. 성폭력이라고 하면 흔히 강간이나 추행과 같은 신체적 폭력을 떠올리기 쉽다. 물론 이런 행위들은 형법상의 범죄이며, 우리나라의 〈성폭력범죄의처벌 및 피해자보호에 관한 법률〉에서 이를 '성폭력범죄'로 규정하여 무거운 처벌을 부과한다. 그러나 오늘날 성폭력은 신체적 폭력이나 형법상 범죄에 한정되는 것이 아니라 정신적, 언어적 폭력을 망라하는 보다 넓은 개념으로 이해되고 있다. 따라서 직접적인 신체 접촉이 없는 행위라고 하더라도 성적 농담을 반복하거나 외설적인 글을 메일로 보내는 일, 집요하게 전화를 걸거나 스토킹을 하는 것도 성폭력에 해당할 수 있다.

남녀평등의 문제를 법, 제도상의 평등으로 제한적으로

보는 사람들은 남녀평등의 문제와 성폭력 문제를 분리해서 바라보기도 한다. 그렇지만 성폭력 문제야말로 남녀평등이 이루어지는 데 있어 가장 큰 장애물이라고 생각한다. 심지어 성폭력 문제가 사회생활에서 제거되지 않는 한 진정한 남녀평등이 이루어질 수 있을지 의심스럽기도 하다. 성폭력은 그야말로 여성이 남성과 동등한 인격체라는 것을 부정하고 힘을 이용해 자신의 욕망을 추구할 수 있는 대상이라는 것을 공공연하게 드러내는 행위이기 때문이다. 물질만능주의인 세상에서 힘과 돈이 있는 사람은 무엇이든 할 수 있다는 생각이 만연해지고 점점 더 남녀 간의 관계가 힘 싸움이 되어가고 있다. 이는 매우 안타까운 실정이다. 또 성폭력이 남성의 생물학적 욕구에 기반해 있다고 착각하는 사람도 아직 많은 듯하다.

성폭력 범죄는 어떤 범죄보다도 인간의 존엄성을 파괴하는 반인륜적이고 흉악한 범죄이다. 그럼에도 불구하고 성폭력의 근절은 쉽지 않다. 오히려 스마트폰과 멀티미디어 매체의 발달로 SNS를 통한 음란물 전송, 공공장소에서의 불법 촬영 범죄 등 그 방식이 다양해지고 있는 추세이다.

몇 년 전, 한국에서 미투 운동이 한참이었을 때 고등학생들까지도 그 운동에 참여하는 것을 보고 적잖이 충격을 받았다. 학교라는 공간마저 성폭력 범죄가 일어날 위험성이 있다면 청소년은 어디에서 보호받을 수 있을까. 또한 대학 사회 내에서도 SNS를 통해 학생들끼리 특정 여성 학우에 대한 음담패설을 나눈다거나 폭력적 행위를 연상시키는 발언을 하는 문제가 여러 곳에서 발생한 것을 보아 우리 사회의 성 문화가 얼마나 심각한 상황인지 실감할 수 있었다.

성폭력의 또 다른 큰 문제점은 피해자들이 수치심 때문에 피해 사실을 숨기려 한다는 것이다. 엄연한 피해자임에도 불구하고 주위의 손가락질이나 남들의 시선이 두려워 혼자서 그 고통을 인내하려 하는 것이다. 이러한 문제가 발생하는 요인 중 하나는, 성폭력과 관련된 대부분 범죄가 친구라든지 가족이나 친지 등 지인 사이에서 발생하는 빈도가 높기 때문이다. 따라서 가벼운 범죄거나 실수로 생각하고 주변에 알리기를 꺼리며 처벌을 원치 않거나 숨기려는 경향을 보인다. 그렇지만 지인 사이에 빈번히 일어나는 범죄라는 사실 때문에 이후의 인간관계에 더 치명적인 영향을 입을 수도 있다. 신고를 하지 않게 되면 가해자를 처벌

할 기회를 놓치게 되고, 사회적으로 또 다른 여성에게 더 큰 위험을 안겨줄 수 있다.

온라인 활동이 일상화되면서 이를 이용해 개인의 일상적 자유를 침해거나 성폭력을 행사하는 행위가 다양한 형태로 이루어지고 있다. 그 대상은 주로 젊은 여성으로 그들에게 공포감과 불안을 조성한다. 특히 혼자 사는 여성을 향한 사건들로 인해 여성 가구의 안전에 대해서 많은 우려를 낳고 있다. 사회적으로 외부의 시선이 권리의 침해이자 폭력이 될 수 있다는 사실이 제대로 인식되어야만 우리 모두 삶에서 기본적 안전권을 보장할 수 있을 것이다. 더불어 상대방이 지니는 취약점을 이용해 해를 끼치는 것이 얼마나 잘못된 행위인지 보다 강화된 처벌이 이루어져야 할 것이다. 개개인의 자유와 몸의 권리, 일상의 평온함 등 가장 기본적 요소가 침해받는 일이 더 이상 없었으면 한다.

자유로운 성, 자유로운 관계

영화 〈히든 피겨스〉는 1960년대 미국에서 흑인 여성이 화장실을 가기 위해 무려 800미터 떨어진 다른 건물로 가야 했던 상황에 관한 이야기이다. 당시 남성용과 여성용 화장실이 구분되었을 뿐 아니라, 인종차별로 인해 백인용과 유색인용 화장실이 나뉘어 있다 보니 이러한 문제가 발생했던 것이다. 사실 화장실이야말로 우리가 일상적으로 꼭 필요하고 또 긴급하게 사용해야 할 경우가 많은 공간이다. 장애인 화장실이 생긴 것도 장애인에 대한 사회적 인식이 그만큼 확장되면서 가능해졌다. 따라서 화장실은 그 사회의 평등 지표를 단적으로 드러내주는 공간이기도 하다.

오늘날에도 건물의 특성에 따라서 남자 화장실이 여자 화장실보다 많기도 하다. 대학에서 여학생이 적은 단과대학 건물은 여자 화장실이 부족해 여학생회에서 화장실 개설을 요구하기도 한다. 반면 여자 화장실만 있는 건물은 거의 발견하기 어렵다.

우리 사회가 만일 성평등한 사회라면 화장실은 어떤 모습이어야 할까. 일단 화장실은 누구에게나 충분히 가까워야 하고, 진입이 쉬워야 하며, 화장실 안에서 용변과 손 세척이 가능하고, 이 과정이 수치감이나 불안감이나 위험 없이 안전하고 편안해야 할 것이다. 이런 조건으로 모든 사람이 화장실을 이용할 수 있으려면, 우리에게 몇 개의 화장실이 필요할까?

과연 우리가 사용하는 화장실이 트랜스젠더에게도 편안한 공간일지 생각해보자. 신체적으로 여성이지만 남성의 모습을 한 사람이 여자 화장실에 간다면 다른 사람들이 깜짝 놀랄 것이다. 신체적으로 남성이지만 여성의 모습으로 남자 화장실에 가는 경우도 마찬가지다.

이 문제점을 인식하고 유럽과 미국에서는 성별 구분을 하지 않는 '모든 젠더 화장실'이 등장했다. 남녀공용 화장실처럼 젠더 규범에 부합하지 않는 외양을 가진 사람이나 보호자와 피보호자가 서로 다른 성별인 경우에 접근할 수 있는 가능성을 높인 것이다. 트랜스젠더뿐 아니라 아빠가 딸아이를 데리고 화장실에 가야 할 경우이거나 몸을 잘 가눌 수 없는 어머니를 모시고 중년 아들이 화장실에 가야 할 경우를 고려해보면, '모든 젠더 화장실'이 유용할 수 있다.

화장실을 예시로 든 이유는 우리가 앞으로 성평등 사회를 만들어나가는 데 일상생활에서 기존과 다른 새로운 상상력과 가능성을 꿈꾸는 것이 필요하기 때문이다.

우리의 몸은 태어날 때 다양한 모습을 가지고 태어난다. 일반적으로 여성 혹은 남성 둘 중 하나로 규정되어 태어나지만, 살아가면서 자신의 모습을 바꾸고 싶어하는 사람도 있으며, 이성애적 관계에 불편함을 느끼고 오히려 동성 간의 관계에서 애정을 느끼고 싶은 사람도 존재한다. 사람들은 모두 다르다. 성평등은 어려운 이야기가 아니다. 모든 사람을 그 자체로 존중하고 평등하게 대하는 것, 그것이 성평등의 전부가 아닐까 한다.

현재 한국 사회에서 페미니즘에 대한 인
식은 어떠한가?

요즘은 페미니스트, 페미니즘과 같은 단어가 비
난이나 욕설처럼 인식되어 대화 중 그 단어를 꺼내
기가 어렵기도 하다. 또 "한국의 페미니즘은 잘못
자리잡았다", "한국 페미니스트는 너무 급진적"
이라는 의견도 상당히 많다. 페미니즘이라는 용
어가 각 사회에 따라 다르게 개념화되기도 하고 사
회의 상황에 따라 그 내용이나 의미가 바뀌어왔다
고 생각한다. 예를 들어, 이른바 '제1물결 페미니

즘'이라 학자들이 지칭하는 시기에서는 주로 여성들의 법적 권리와 교육을 받을 수 있는 권리를 주장하는 일이 이루어졌다. 당시 여성은 투표권이 없었고, 또 대학 입학 자체가 배제되었다. '제2물결 페미니즘'이라고 일컬었던 1960년대부터는 여성의 문제와 관련하여 좀 더 폭넓은 문제 제기가 이루어졌다. 여성의 낮은 임금, 성매매 문제, 집안일이나 양육의 사회적 가치, 여성성과 남성성의 확고한 규범 등이 이 시기에 논의되었다. 여성을 향한 폭력 문제에 대해서도 페미니스트들이 관심을 갖기 시작했다. 그 이후 오늘날까지 다양한 입장들이 생성되고 있다.

페미니스트라고 해서 모두가 한 가지 입장을 취한다고 보기는 어렵다. 이슬람 지역의 여성들은 그들이 머리에 두르는 부르카를 여성 권리에 배치되지 않는다고 보는 반면, 서구 여성들은 그것이 여성의 신체를 제약한다고 보기 때문이다.

한편 최근에는 페미니즘이 환경이나 인권 문제에 보다 포괄적으로 관심을 가져야 한다는 의견도 있고, 자본주의 문제에 대해 반대하는 사람들도 존재한다. 따라서 페미니즘이라고 할 때, 그것이 어떠한 내용을 가지고 있느냐를 하나의 입장으로 단정해 생각할 수 없다.

하지만 페미니즘은 여성을 남성과 동등한 인격체로 간주하고 여성의 삶이 남성의 삶과 마찬가지로 존중받고 평등해야 한다는 이상을 모두 공유하고 있다. 문제는 이 생각에 동의하는 많은 여성조차 본인이 페미니스트라고 말하는 것을 상당히 꺼린다는 것이다. 그 기저에는 페미니스트는 공격적이라든지, 페미니스트는 자기들 문제만 생각하는 이기적인 존재라든지 하는 선입견과 사회적 시선을 의식하고 있는 것으로 보인다. 그러나 그런 점들을 의식하고 페미니즘을 거부한다면, 그만큼 여성에 대한 억압이나 불평등, 편견에 어느 정도 동조하는 것이 되지 않을까.

다른 나라와 비교했을 때, 한국에서만
두드러지는 젠더 갈등이나 차별의 특징
이 있다면?

여성과 남성의 불평등한 가사노동 비율, 임금 격
차 등은 한국에서만 나타나는 현상이 아니다. 많
은 선진국에서도 여전히 불평등한 가사노동 비율
과 임금 격차가 나타나고 있다. 그렇지만 비슷한
경제적 성장 수준을 가진 나라들과 비교해 볼 때,
한국이 가장 열악하게 나타나는 것은 사실이다.
또 가사노동 비율에 있어서도 한국은 여전히 집안
일이나 양육을 여성이 맡아야 한다는 생각이 강하
게 남아 있다. 그래서 가사노동 비율이나 임금 격
차 등의 문제는 한국에서 시급하게 다뤄야 할 문제
라고 본다.

한국에서 두드러지는 젠더 갈등이나 차별의 특
징은 고용 분야의 성차별과 정치적 권한의 측면에
있지 않을까 싶다. 예를 들어, 여성의 경우 일을
갖는다고 하더라도 남성에 비해 비정규직이나 시

간제에 종사하는 비율이 상당히 높다. 이는 남성처럼 안정적인 직업을 가질 수 없다는 얘기다. 설사 비정규직이 정규직으로 전환되는 기회가 있다고 하더라도, 여성은 우선순위에서 밀리고 만다. "여성은 능력이 부족할 것이다" 또는 "집안일이나 아이 양육으로 인해 남성만큼 일을 못할 것이다"라는 편견이 작동하는 것이다. 그러다 보니 고용에 있어서 성차별이 계속되고 있다.

정치적 권한을 가진 지위에 여성의 수가 너무 적다는 것도 문제이다. 선진국의 경우에 국회의원이나 고위 관료로 정치 활동에 참여하는 여성 수가 한국에 비해서 훨씬 많다. 한국은 여전히 정치 영역에는 여성의 참여가 선호되지 않고 배제되는 경향이 두드러진다. 그러다 보니 여성과 관련 의제들이 상층부에서 많이 논의되지 않을 뿐만 아니라, 고위직에서 이루어지는 성차별 문제들이 쉽게 해결되지 않는다.

끝으로 전 세계적으로 앞선 온라인 환경 때문에 폭력의 문제가 더 확대, 다면화되었다고 할 수 있다. 과거에도 성희롱, 성폭력의 문제는 심각했지만, 그것이 온라인 환경까지 확대되어 있지 않았다. 제도적으로나 문화적으로 개선된 측면이 있다고 하더라도, 온라인에서 일상적으로 벌어진 문제로 인한 피해라든지 고통이 적지 않은 실정이다.

4부

오늘부터

타인
지향적 　삶과

이별합니다

나는 한국 사회가 다른 국가와 달리 유독 타인의 욕망이 개인의 삶을 지배한다고 생각한다. 타인의 욕망이 개개인의 삶을 지배하는 사회이기 때문에 개인의 삶은 억압적일 수밖에 없다. 이를테면 "남부럽지 않은 삶을 살고 싶다" 혹은 "남보다 뒤처지지 않은 삶을 살아야 돼"라는 말을 한국인이라면 누구나 들어보았을 것이다. 이 말을 곱씹어보면 기본적으로 내 삶의 주체는 나에게 있는 것이 아니라 타인에게 있다는 것을 알 수 있다.

타인의 욕망이
삶을 지배하다

한국인의 자살률이 말하는 것

WHO에서 발표한 국가별 자살률 추이 그래프를 살펴보자. OECD 국가들의 약 30년간의 자살률을 보여주는 것으로, 자살률은 보통 10만 명을 기준으로 10만 명 가운데 몇 명이 사망했는지를 계산한다. 한국의 경우, 1990년대부터 계속 자살률이 증가하는데 특히 2005년부터 높은 자살률을 보인다. 심지어 2018년에는 10만 명 중 26.6명으로 OECD 국가 중 가장 높은 자살률을 기록했다. 그렇다면 한국의 자살률은 왜 이처럼 높아진 것일까.

자살은 개인이 선택한 행위이다. 의사결정자인 개인이 스스로 생을 마감하고자 선택했기에 발생하는 것이다. 누

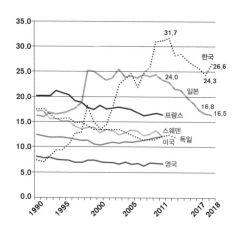

1990~2018년 국가별 자살률 추이(10만 명당 자살자 수)

가 강요해서 한다면 그것은 이미 자살이라고 말할 수 없다.
그런데 개인의 선택은 온전히 개인에 의해 비롯된 것일까?
개인은 개인적 존재일 뿐만 아니라 동시에 사회적 존재이
다. 사회가 어떤 곳이냐에 따라서 살고 싶은지 죽고 싶은지
의 영향을 받을 수밖에 없다. 이러한 문제를 연구한 대표적
인 학자가 프랑스의 사회학자 에밀 뒤르켐Emile Durkheim이다.

뒤르켐은 1897년에『자살론』이라는 책에서 자살을 사
회학적으로 분석했다. 19세기 말까지만 해도 자살은 어떤
심리적 원인이나 기후 같은 문제에서 비롯된다고 생각했

다. 그러나 뒤르켐은 자살은 개인이 선택한 것이지만, 자살률이 사회에 따라 달리 나타나는 것을 보아 자살은 사회적 환경과 밀접한 상관관계를 갖는다고 간주했다.

예를 들어 이탈리아 남부 사람들과 영국 사람들의 자살률을 비교해보자. 이탈리아 남부 사람들에 비해 영국 사람들의 자살률이 높았다. 이를 사회적 맥락에서 살펴보면, 이탈리아 남부의 경우 대가족 중심의 결속력이 강하고 가톨릭문화를 보이는 반면 영국의 경우 개신교적 전통 속에서 도시화가 진행되었으며 개인주의적 성향이 발견된다. 이처럼 뒤르켐은 자살은 개개인의 선택에 의해 발생하더라도 그 사회가 어떠한 문화적 환경이냐에 따라 자살률이 달라질 수 있다고 강조했다.

인간은 다른 동물과 달리 의미를 추구한다. 다시 말해 인간은 다른 동물처럼 생존하는 것 자체가 목표가 아니라 생존을 하더라도 삶의 의미를 찾을 수가 없다면 자신의 생존을 그만두고 싶어하기도 한다. '의미를 추구한다'는 그 자체가 인간의 중요한 지점이다. 따라서 높은 자살률이 의미하는 바는 개인이 의미를 추구하는 존재로서 살아가기 어려운 환경에 처해 있거나 사회가 개인이 살아갈 의미를 부여하지 못했기 때문이라고 볼 수 있다.

오늘날 사람들은 자살이 대체로 우울증과 같은 정신질환의 발현이라고 보는 경향이 있다. 실제로 서구 사회에서 자살하는 사람들의 최소 80~90퍼센트 이상이 우울증을 경험한다. 그러나 중국과 한국 사회에서는 서구와 다른 현상을 보인다. 즉, 자살자의 우울증 비율이 서양 사회에 비해 상대적으로 매우 낮다. 적게는 50퍼센트 미만이며, 많아야 60퍼센트 수준에 머무른다. 서양과 동양이 자살과 관련해 차이점을 보이는 것은 왜일까?

삶과 죽음에 대한 태도에서 비롯된다고 볼 수 있다. 서양 문화에서는 기본적으로 생명이 신에 의해 주어진 것으로 생각한다. 마찬가지로 죽음도 신의 뜻이다. 서구 사람들의 관점에서 자신의 생명을 스스로 끊어낸다는 것은 신에게 엄청난 죄를 저지르는 일이며, 자살은 근본적으로 결정할 수 없는 일이다. 목숨은 내 것이 아니라 신의 것이기 때문이다. 따라서 서구 사회에서 자살은 정신적으로 건강하지 못한 사람만이 행할 수 있는 것으로 본다.

반면, 동양 사회에서 자살은 단지 정신적으로 문제가 있을 때 행하는 선택이 아니다. 역사적으로 동양인들은 끔찍한 모욕을 당했거나 억울한 마음이 들 때, 또는 자신의 정당성에 대해서 심각하게 의심받을 때 저항으로서의 자살을 행했다. 나라를 잃은 사람이 울분을 토하면서 더 이상 살 이유가 없다고 생각하거나 부모에 대한 모욕을 듣고 참을 수 없어서 자살하기도 했다. 오늘날 사회에서도 기업 총수나 정치인이 자신의 정당함이나 결백을 인정받지 못해 자살을 선택하기도 한다. 이처럼 동양 사회에서 자살은 정신적으로 건강하지 못한 사람이 행하지 않으며, 오히려 인간적 삶에 대한 고찰과 허무에서 자살을 한다.

이렇듯 자살은 그 사회의 특성에 영향을 받기도 하고, 삶의 의미를 개개인이 어떻게 부여하는지에 따라서도 관련 있다. 하지만 어떠한 이유에서 자살하고, 어떠한 맥락 속에서 자살이 이루어지든지 공통으로 꼽을 수 있는 것은 자살하는 사람들은 죽음이 살아가는 일보다 낫다고 생각한다는 사실이다. 그렇다면 OECD 국가 가운데 가장 높은 자살률을 보이는 한국 사회에서는 어떤 이유에서 많은 이들이 죽음을 선택하는 것일까.

남부럽지 않은 삶을 위해

한국 사회는 다른 국가와 달리 유독 타인의 욕망이 개인의 삶을 지배한다. 타인의 욕망이 개개인의 삶을 지배하는 사회이기 때문에 개인의 삶은 억압적일 수밖에 없다. 이를테면 "남부럽지 않은 삶을 살고 싶다" 혹은 "남보다 뒤처지지 않은 삶을 살아야 돼"라는 말을 한국인이라면 누구나 들어보았을 것이다. 이 말을 곱씹어보면, 기본적으로 내 삶의 주체는 나에게 있는 것이 아니라 타인에게 있다는 것을 알 수 있다. 이는 내가 진정으로 원하는 삶을 삶의 중심에 두는 게 아니다. '나는 어떻게 저렇게 되지? 나는 어떻게 해야 저 사람들처럼 살 수 있을까?'와 같이 타인의 기준과 욕망에 삶의 조건을 두는 것이라 할 수 있다.

'남부럽지 않은 삶'은 무엇일까. '남'은 가깝게는 이웃을 가리킬 수 있다. "ㅇㅇ네는 저렇게 집도 사고, 아이들도 좋은 학교에 보내고, 저 집은 무슨 집안이고……" 하는 식처럼 말이다. 또 우리에게 '남'은 멀게는 일본이나 미국 같은 선진국이기도 하다. 남부럽지 않은 삶의 기저에는 항상 내 삶이 너무나 초라하고 아직 목표치에 도달하지 못하고 있다는 인식이 전제되어 있다.

한국 사회는 남부럽지 않을 수 있는 수준으로 나아가기 위해 고군분투해야 하고, 열심히 노력해야 한다는 생각이 만연하다. 남부럽지 않은 삶은 도대체 언제 이룰 수 있는 것일까. 한국 사회는 1인당 국민소득이 3만 달러를 넘어섰다. 그렇다고 해서 "아, 이제는 살 만한 사회가 됐다. 이제 남부럽지 않아. 우리는 행복해. 우리는 만족해"라고 말할 수 있을까? 한국은 OECD 국가 가운데 행복지수가 최하위인 33위이다. 경제적 성장을 이뤘음에도 불구하고 한국 사회는 계속해서 행복에 도달하지 못한다. 어쩌면 남부럽지 않은 삶이라는 그 자체가 도달할 수 없는 목표일 수 있다. 어째서 한국인의 삶은 이룰 수 없는 목적을 위해 쳇바퀴를 돌아야 하는 걸까? 한국 사회의 경제 성장과 정치적 민주주의의 달성 정도와는 유리된 개개인의 삶의 질을 생각해볼 수 있을 것이다.

경제 성장과 정치적 민주주의에 있어서 우리 사회는 그동안 크게 발전했다. 1950년대에는 전쟁 직후 사회 전반적으로 어려웠고, 1960년대부터 1980년대까지는 군부 독재라는 기간을 거치면서 정치적 민주주의를 향한 열망을 키워왔다. 그리고 1988년 올림픽을 통해 전 세계에 급속도로

1960년대

1970년대

1980년대

1990년대

시대별 한국 사회를 보여주는 이미지[6]

성장한 한국을 널리 알렸으며, 1990년대에 이르면 서울을 비롯한 대도시에 대규모 아파트 단지가 들어서면서 중산층의 삶이 보편화되었다. 1950년대부터 1990년대까지 약 40년 동안 급속도로 성장한 것이다.

그럼에도, 2020년대에 들어선 오늘날에도 사람들은 만족스러운 삶을 살지 못하고 있다. 불만족스러운 삶은 무엇보다 한국 사회의 발전이 무조건적 성장 중심으로 이루어졌으며, 개개인의 삶의 질과 행복감을 제대로 돌보지 않고 오히려 등한시했기 때문이다.

급속도의 성장이 남긴 것들

지난 세기를 거치며 한국인들은 식민통치, 미군정, 한국전쟁, 동서냉전으로 이어지는 일련의 격랑 속에서 생존을 우선으로 지향하는 삶을 살아왔다. 특히 1960년대 이후 "남부럽지 않은 삶"을 추구하기 위해 경제 성장에 집중하면서, 수단과 방법을 가리지 않고 최단 기간 동안 목표를 달성하느라 다른 것은 제대로 돌보지 않았다. 그 때문에 국가와 국민적 지향은 그 목표를 달성하고 전 세계에 '한강의 기적'을 알리는 계기가 되었지만, 물질적 팽창에 수반되는 다양한 사회적 문제들을 모른 척하거나 경시함으로써 이후 큰 재난에 직면하게 되었다.

1990년대부터 크고 작게 이어지는 대형 재난 사고는 수많은 인명과 재산을 앗아갔을 뿐 아니라, 한국의 경제 기적이라는 성과 뒷면에는 비극적 이면이 존재한다는 점을 인식하게 하는 계기가 되었다. 1994년 성수대교 붕괴, 1995년 삼풍백화점 붕괴, 1997년 대한항공 여객기 괌 추락 사고, 1999년 화성 씨랜드 화재, 2003년 대구 지하철 참사, 2007년 태안 기름유출 사고, 그리고 2014년 세월호 참사에 이르기까지, 지난 20여 년간 한국 사회가 겪은 대형 참사는 셀 수가 없다.

물론 지속적인 경제 성장과 산업화의 결과로 나타나는 재난 문제는 비단 한국만의 현상은 아니다. 고도로 산업화된 선진국에서 발생하는 잦은 재난에 대해, 독일의 사회학자 울리히 벡은 이제 서구 사회가 '위험 사회'에 돌입했기 때문이라고 분석했다. 원자력 사고라든지 수질, 대기와 해양의 오염, 식품안전 사고, 대형 교통사고 등 각종 사고와 재난은 산업사회에서 인간이 물질적 풍요를 추구하는 과정에서 발생한 것으로서, 경제 발전과 불가분의 관계가 있다는 것이다.

미국의 사회학자 찰스 페로Charles Perrow는 오늘날 대형 사고와 재난은 과학기술 발전 및 고도의 기계화 속에서 일정 확률을 가지고 상시적으로 발생할 수밖에 없는 정상적인 일이라며, '정상 사고'라는 용어를 사용하기도 했다. 예컨대 교통수단은 과거와 달리 대형 항공기, 고속철도, 지하철 등의 형태로 운송 효율 부분에서는 뛰어나지만 관리자나 이용자의 순간적 부주의로 인해 수많은 인명을 앗아가는 대형 사고로 이어질 수 있다. 원자력 기술은 처리 과정의 상당 부분을 컴퓨터로 자동화하고 있지만 만일 그 과정에서 작은 실수 하나만 발생하더라도 기계나 컴퓨터 자체의 결함으로 인해서 엄청난 인명 피해를 낳을 수 있다. 이러한 위험 요소들은 현대 산업사회의 고도의 기술 문명이 내재하는 문제점이다.

그런데 한국 사회는 선진국형 문제 외에도 다른 문제가 있다. 한국은 경제 성장 위주의 급속한 발전을 추구해오면서, 당시에 함께 고려했어야 하는 안전 문화 및 안전시설물, 각종 관리 방책, 감독의 정교화 등이 이루어지지 않았다. 선진국 대열에 들어섰지만, 한 달에도 수십 건씩 발생하는 중대 산업재해 문제가 바로 이 문제점을 적나라하게 보여준다. 여전히 안전시설은 턱없이 부족하고 위험한 작업에 참여하는 노동자의 안전이나 기본 권리는 제대로 보장되지 않고 있다. 또한 재난이 발생할 때 긴급 대피, 구난, 처치, 복구 체계에 있어서 준비가 불철저할 뿐 아니라 제대로 신속히 진행되지 않아서 피해가 가중되는 게 일반적이다. 재난에 대한 대비책이 없기에 이는 곧바로 수많은 인명과 재산 피해로 이어질 수밖에 없다.

여기서 특별히 지적할 부분은 한국 사회의 재난 피해 문제가 단지 서구적 산업화 과정과 후진국형 문제로 인해서만 발생한 게 아니라는 것이다. 더 큰 문제는 그동안 국가 경제 및 개별 기업들의 급속한 성장이 시민들의 안전을 희생시킨 바탕 위에서 편법과 탈법을 통해 이루어졌다는 사실이다. 이에 사회학자 장경섭은 한국이 '복합 위험사회'의 특징을 갖는다고 지적한다.

생산과 건설, 운송하는 물류의 증가 등 급증하는 경제활동에 따라 위험이나 문제가 발생할 확률이 높아졌기 때문에, 국가나 기업에서는 이와 관련된 안전과 환경을 만들기 위한 조직적이고 체계적으로 관리 역량을 확충했어야 했다. 그렇지만 국가와 기업은 이윤과 발전 속도를 높이기 위해 시민들의 생명과 안전 보장에 필요한 부분들을 등한시했다. 위험과 재난이 점차 증가하는 상황에서 한국 사회는 '안전 불감증'을 조장해온 것이다.

또한 관행화된 부패 문제를 지적하지 않을 수 없다. 국가와 기업은 성과를 위해 규정이 있다고 하더라도 편법이나 탈법적으로 실행하는 것을 눈감아주는 방식을 지속해왔다. 대형 건축물과 같은 기간시설을 앞당겨 완공하기 위해 기업들을 재촉하는 것이 정부의 관행이었으며, 기업들은 단기간에 시행하기 위해 규정을 어기고 날림으로 처리하는 것이 일반적이었다. 관료들의 부패는 건설 업체들이 오히려 뇌물 수수의 기회로 악용하였다. 기업 성장과 이윤 창출을 위해 안전 규정을 무시하는 것은 일반적인 경영 관행으로 자리잡았다. 심각한 안전사고가 발생하더라도, 이에 대한 책임자 처벌이 형식적이었기에 편법과 탈법은 계속되고 일반화될 수 있었다.

이러한 사회 분위기는 국민에게 규율과 원칙이 힘 있는 자들에 의해서 좌지우지된다는 경험을 안겨주었다. 외형적으로 볼 때 한국 사회는 빠른 경제 성장과 민주주의의 발전이 이루어진 듯 보이지만, 그것을 이룬 방식 자체가 원리 원칙보다는 국가나 기업, 그리고 이들의 지원을 받는 정치인과 같은 힘 있는 자들에 의해 행해져온 것이다. 그렇기에 경제 성장과는 별도로, 국민은 높아진 삶의 질을 누리기보다 결국 '힘 있는 자가 되어 성공해야 한다'라는 생각에 무게가 실릴 수밖에 없고 이는 언제나 불만족스럽고 불안한 삶에 자신을 위치시키도록 만들었다.

똑같은 목표를 향해
달려가는 사회

천편일률적인 삶

한국 사회는 구성원 모두가 궁극적으로 똑같은 지향과 똑같은 목표를 향해 사는 것처럼 보인다. 고등학교 성적이 우수하면 의대에 진학하려고 하고, 대학교에서 좋은 성적을 받으면 로스쿨을 가거나 유수의 대기업에 입사하려고 한다. 서울 강남에 적어도 집 한 채는 소유해야 성공으로 여기고, 차는 외제차를 몰아야 하며, 가방은 명품백을 들어야한다. 집값이 오를 것 같다는 뉴스가 나오면, '영혼을 끌어모아' 무리해 집을 사려고 한다. 주식 투자를 하는 사회 분위기가 가속화되면, 주식 투자를 하지 않는 사람을 이상하다고 여긴다. 정치적 입장이나 종교적 신념이 다르더라도,

한국인이 추구하는 바는 사실상 크게 다르지 않다. 그렇다면, 왜 모두가 천편일률적인 삶을 사는 것일까. 인류학자로서 여러 부족의 사례 연구를 살폈지만, 한국 사회는 100명이나 150명 정도의 사람으로 이루어진 부족 사회가 아닌가 싶을 정도로 5천만 명의 사람들이 놀랍게도 엇비슷한 목표와 바람을 갖고 산다.

어떤 사람에게 나이를 물어봤을 때, 열다섯 살이라고 대답한다면 당신은 상대를 어떻게 예상하는가. 대부분 그 사람을 중학교 2학년이라고 예상할 것이다. 상대에게 "당신은 중학교 2학년이군요"라고 말할 때, 그가 "아니에요. 저는 중학교에 다니지 않아요" 하고 반응한다면 굉장히 의아해할 것이다. "아니, 중학교에 다니지 않아? 그러면 무엇을 하고 있는데?" 되물었을 때, "아, 저는 지금 초등학교 6학년이에요"라고 한다면 걱정스러운 눈빛으로 이야기할지 모른다. "왜 초등학교 6학년이야? 무슨 일이 있었어? 아팠니? 아니면 다른 무슨 일이 있었니?" 이렇게 물으면서도, 분명히 이 아이에게 뭔가 좋지 않은 일이 있었을 것 같다는 꺼림칙한 느낌을 받을 가능성이 높다.

이처럼 한국 사회에서는 어떤 사람이 특정 나이가 되면

반드시 그 나이에 걸맞은 일을 하는 것을 정상적으로 본다. 가령 고등학교를 졸업한 뒤 대학에 가지 않고 자기 자신이 무엇을 원하는지 2~3년 동안 여행을 다니며 탐색하는 기간을 갖는 사람이 있다면, 한국 사회에서는 그를 특이하게 여기거나 낯설게 바라볼 것이다. 고등학교를 졸업하면 재수, 삼수를 하지 않는 이상 당연히 대학에 진학하는 것을 자연스러운 삶의 수순으로 보는 게 일반적이기 때문이다. 고등학교 시절에 1~2년 정도 앞으로 무엇을 할지 스스로 탐색하는 시간을 갖는 것이 당연하다고 보는 북유럽 사회와는 완전히 다른 시각이다.

한국 사회에서는 생애 단계마다 정해진 미션이 있다. 10대에는 입시를 위한 공부, 20~30대에는 취직과 결혼, 30~50대는 자녀 교육과 내 집 마련이 그러하다. 생애주기에 따른 과업을 달성하지 못하거나 서서히 준비하는 사람은 어딘지 이상하거나 문제가 있다고 생각한다. 결혼은 사실 50대에도 할 수 있고 안 할 수도 있으며 평생 안 하고 살아도 된다. 그런데 한국 사회는 생애주기별 과업에 대해서 너무나 당연하게 여기며, 언제쯤 취직을 하고 결혼을 하고 아이를 낳아야 하는지 일련의 삶의 수순을 밟아야만 정상적이라고 생각한다. 그 수순을 밟지 않은 사람들은 현실 감각이 부족하거나 책임감이 부족한 사람으로 여기기도 한다. 이처럼 한국 사람은 태어나면서부터 죽을 때까지 생애 주기에 따라서 무엇을 해야 한다는 생각이 상당히 고정적이다. 조금 다른 삶, 다른 선택을 원한다면 그 앞에는 수많은 장벽이 기다리고 있다.

모든 국민이 지배적으로 통용된 사회적 분위기에 편승해야 한다는 생각은 개별적 선택을 의아하게 여기거나 차별의 대상으로 바라보게 한다. 이는 오랜 역사적 흐름 속에서 그 기원을 찾을 수 있다. 한국전쟁 이후 급속한 경제 성장과 효율을 추구해온 한국 정부는 국민에게 하나의 통일체처럼 움직여야 한다는 생각을 강조해왔다. 이는 개발 독재를 통해 더 강화되었다. '뭉치면 살고 흩어지면 죽는다'라는 표어가 이 사고를 대표적으로 보여준다. 국민이 하나의 덩어리처럼 일사불란하게 움직여야만 국가의 발전을 빠르고 성공적으로 이룰 수 있다는 것이다. 국가가 어떠한 정책을 실행하면 '정상적인' 국민은 국가 정책에 자신들의 행동을 따라 맞춰야 했다.

만일 학교에서 선생님의 명령을 따르지 않거나 교칙을

IMF가 닥쳤을 때, 한국인은 금 모으기 운동이라는 전 세계적으로 찾아볼 수 없는 위기 대응 모습을 보여주었다. 국민의 합심과 노력으로 해결하고자 했던 모습을 당시 미디어에 보도된 한 장면에서도 엿볼 수 있다. 그러나 IMF 이후 집단주의적이고 전체주의적 방식은 위기에 봉착하기 시작했다.[7]

따르기 거부한다면, 문제 학생으로 낙인찍히고 이후에 피해를 보기가 일쑤였다. 대다수가 선택하는 방식을 따르는 것이 가장 안전하고 위험 부담 없는 미래를 기획하는 사고라는 인식이 암암리에 형성되고 강화되었다. 이러한 전체주의적 분위기 속에서, 개별적 선택이나 자유는 상대적으로 무시되었다.

　IMF 시기는 한국인의 삶에 대한 태도를 상당히 바꾸어 놓았다. 그동안 개인적 희생과 부단한 노력을 통해 경제 성장을 위해 애써왔던 사람들이, 막상 국가가 위기에 닥치자 그 피해는 개인이 온전히 떠안아야만 한다는 것을 경험한 것이다. IMF 이전까지 국가가 하라는 대로, 혹은 남들이 하는 대로 따르는 것이 가장 안전하고 위험이 없는 선택이라고 생각되었다면, IMF 상황에 직면하자 한국인은 국가에 대한 순응과 순종으로는 생존을 보장받을 수 없다는 것을 뼈저리게 알게 되었다. 이제는 각자도생의 시기이다. 혼란이 가중된 시기에 개개인은 어떻게 남들보다 앞서서 살아가야 할지, 또 남들과 경쟁하면서 동시에 자신이 가는 길을 개척해야 할지 고민에 빠지게 되었다.

강요된 삶

"아니, 이제 나이가 벌써 그렇게 됐으면 남자 친구도 사귀고 시집을 가야 될 거 아니야", "빨리 군대를 갔다 와서 취직을 해야지", "아유, 아직도 집 사는 준비 안 하고 뭐해?" 등은 명절 때 친척들이 주로 하는 레퍼토리다. 이러한 이야기들이 친척으로서 도움을 주는 조언일 수도 있지만 다른 한편으로는 삶의 방식에 대한 과도한 개입일 수 있다.

결혼과 출산에 대한 시각이 변화하고 있기는 하지만, 젊은 세대와 나이든 세대의 가치관이 동일하지 않기에 가족 안에서는 종종 논란의 지점이 된다. '29살 증후군'이라는 말이 나올 만큼 여성들은 20대나 적어도 30대 초반에 '대단한' 직업을 가지고 있지 않으면서 결혼하지 않으면 쉽게 '집안의 골칫덩어리'로 간주된다. 가족과 친척은 말할 것도 없고 생전 얼굴 한 번 본 적 없는 사람들조차도 "빨리 시집 가야지" 하는 말을 아무렇지 않게 던진다. 또 결혼을 하면 "언제 아이를 낳느냐", 한 명을 낳으면 "둘째는 언제 낳느냐"고 묻는다. 그 이유에 대해, "아이가 외로워서 안 된다"거나 '한국의 저출생'을 들먹인다. 이처럼 한국 여성은 평생토록 타인(부모와 아이, 혹은 국가)의 욕망을 위해 살아갈 것을 강요받는다.

한국 사회에서 가정이 있는 40~50대 남성은 회사에서 끔찍한 상황에 처하더라도 타인, 가족을 위해 참아야 하는 존재다. 만일 40~50대 아버지가 직장에서 하는 일이 적성에 맞지 않거나 흥미가 없다고 그만두려고 한다면 한국 사람들은 '배부른 소리'라거나 '무책임하다'며 비난의 화살을 던질 것이다. 오히려 자녀의 성공을 위해 혼자 고시원에 살면서 돈을 버는 기러기 아빠들이 한국 사회에서는 더 공감받고 이해되는 존재이다.

타인의 욕망을 자신에게 투사하며 인내하는 삶은 열심

히 노력하는 삶이라며 언젠가는 성공이 기다리고 있을 것이라는 메시지는 오늘날 공허함만 남긴다. 명예퇴직은 이제 중년 남성에게 흔한 경험이 되어버렸다. 젊은 시절 개인적 소망이 무엇이었는지조차 가물가물할 만큼 정신없이 살아왔지만, 어느새 이들은 타인의 욕망도 반영하지 못하는 무능력자가 되어버린다. 이처럼 타인의 욕망에 지배된 삶은 목표를 달성하거나 목표가 희미해지면 방향을 잃은 채 혼란에 사로잡힐 가능성이 크다.

"가족을 위해서 이 일을 계속해야 돼. 그리고 이 일을 그만두고 나면 당장 어떻게 제대로 생활할 수 있겠어"하는 걱정 때문에 희생하고 인내하는 삶은 물론 비단 40~50대의 아버지들만의 모습은 아닐 것이다. 어머니들은 자녀를 위해서 자신의 삶을 희생하는 것을 당연하게 여기고, 실제로 결혼 이후 경력단절을 겪는 이들이 수두룩하다. 그런데 은퇴할 때까지 이러한 방식으로 산다고 가정해보자. 그러고 나서 '내 삶은 무엇일까. 나는 가족을 위해 희생했어. 나는 가족에게 정말 좋은 것을 주기 위해서 이렇게 살아왔어'하며 남은 업적을 반추할 수 있겠다. 하지만 '내 삶, 어떻게 살고 싶었을까. 정말 내 꿈을 이루었는가'라는 질문을 스스로에게 던질 때, 자신이 그린 삶의 방향, 자신의 바람대로 시간을 보냈는가에 대해서는 긍정의 답을 하기가 어려울 수 있다.

결혼해 가족을 꾸린 40~50대의 사람이 "아무래도 안 되겠어. 엄마가 생각해보니까 어렸을 때부터의 꿈은 엔지니어가 되는 것이야. 더 이상 미룰 수 없고 지금부터 회사를 그만두고 공부를 시작하겠어"라고 한다면 온 가족이 당황할 것이다. 가족 구성원의 바람을 응원하기 어려운 상황이 되어버린다. 거꾸로 이야기하면 우리 사회에서 개개인의 바람이나 꿈, 희망 등은 많이 인내하고 희생되기를 요구받으며 사실은 자연스럽게 잊히는 것이다. 그렇게 한국 사회는 한국인의 삶을 보편적이게 만든다.

가족 중심에서 물질 중심주의로

한국 사회에서 중장년 이상의 사람들은 가족을 위해서 희생하며 살고 있다는 데 특별히 이견이 없을 것이다. 이들은 초등학교, 중학교, 고등학교에 다니면서 부모의 기대에 부응하고 선생님의 명령에 잘 따르는 등 사회의 기대와 요구를 위한 삶을 살아왔다. 반면 내가 무엇을 할 때 행복하며,

무엇을 하고 싶은지에 대해 생각할 기회는 많지 않았다. 많은 이들이 자신의 삶에 대해 생각하기보다는 가족을 위해 사는 것이 도덕적이고 바람직하다고 학습했다. 그것이 내재화된 이들 세대에게 누군가가 자기 자신만을 위한 삶을 산다는 것은 이기적이고 쉽게 납득할 수 없는 행위로 받아들여진다.

기성세대가 이처럼 생각하는 까닭은, 실제로 1950년대부터 1990년대에 이르기까지 가족을 위해 희생하면서 사는 삶을 통해 빈곤을 극복했고 경제적 기반을 확보할 수 있었으며, 아이들에게 좋은 교육 기회를 제공하고, 이 모든 경제 성장과 사회 발전을 직접 경험했기 때문이다. 또한 기성세대의 경우 가족은 삶의 울타리이자 삶의 주요한 가치였다. '가족을 위해서 산다'는 것은 많은 사람이 부담을 느끼면서도 함부로 거부하기 어려운 가치 규범이었다.

가족을 위한 희생을 당연시하고 도덕적으로 바라보는 문화가 부정적 측면만 있는 것은 결코 아니다. 사실 개인이 가족을 위해 희생하는 삶의 모습을 통해서 한국은 그간의 발전을 이루어왔다. 자신의 편안함은 일체 버리고 자신은 길거리에서 행상하거나 막노동을 하면서도 자녀를 배움으로 이끌고자 했던 부모 세대의 노력을 통해, 전 세계에서 높은 교육 수준을 자랑하는 나라로 우뚝 서게 되었다. 수년에 걸쳐 외국에 돈 벌기 위해 가족과 떨어져 살아온 세대가 있었기에, 한국은 급격한 경제 성장을 이룰 수 있었다.

그렇지만 가족을 위해 희생하거나 노력하는 삶이 만든 부작용도 적지 않다. 자녀의 미래를 위해 정당하지 못한 방법으로 학교나 기관에 청탁한다든지 나중에 자녀의 경제적 삶이 좀 더 편안할 수 있도록 부동산 투자를 과도하게 하는 방법 등은 '가족을 위해서'라는 명분에서 용인되었지만 사실상 부도덕하고 부정이 판치는 사회적 분위기를 만드는 데도 큰 역할을 했다. 또 지나친 가족주의는 지역 사회에서 이웃과의 관계를 경쟁적으로 만드는 데도 일조했다. 다른 가족을 경쟁 상대로 여기면서 서로 간에 불필요한 적대감을 느낀다든지, 자녀나 배우자와 같은 가족 성원에게 이웃 가족과 비교하여 부당한 요구를 한다든지 하는 문제를 발생시켰다.

앞서 살폈듯 IMF 위기는 한국 사회의 가족주의가 변화하게 된 분기점이라고 할 수 있다. 1990년대 이후에 태어난 사람들은 이전 세대와는 가족에 대한 태도에 있어 확실히 다른 경향을 보인다. 이들은 어렸을 때부터 각자도생의 경쟁적 환경 속에서 자라났고, 경제적 조건에 따라 가족이 자신들의 생존을 위해 '비빌 언덕'이 되지 않을 수 있다고 생각한다. 이전 세대가 가난하든 부자이든 상관없이 가족 내 역할 분담과 개인적 희생을 통해서 생계와 물질적 발전을 보장받을 수 있었다면, 오늘날 젊은 세대 중에서도 특히 가난한 사람들은 가족을 위한 희생을 통해 자신의 생계와 성공을 확보할 수 있다는 관점이 매우 부정적이다. 이로써 가족은 이제 삶의 가치로 작동하지 않으며, 도구화되었다고 할 수 있다.

오늘날 젊은 세대는 가족이 자신의 필요와 성장에 도움이 될 수 있다면 가족으로서 함께할 이유가 있지만, 그렇지 않다면 굳이 가족을 위해 개인이 희생해야 한다고 여기지 않는다. 이 변화는 과거에 개인의 희생을 지나치게 강조했던 문화에 비해 긍정적 측면도 있지만, 오늘날 가족생활이 가치 추구나 사랑보다는 물질적, 기능적으로 도구화되고 있다는 측면에서 우려된다.

우리는 언제부터 실패를
두려워했는가

실패에 대한 사회적 불안

한국 사회의 또 다른 특징으로는 경멸과 배제의 문화를 꼽을 수 있다. 앞서 살펴봤듯이 한국 사회는 남부럽지 않은 삶을 살겠다는 목표 아래 구성되어왔다. 남부럽지 않은 삶은 한 계단씩 오르며 성장하는 것을 의미하기도 하지만 부정적 측면에서 살펴보면 실패할 경우 회복하기 어렵다는 것을 말한다. 정상 궤도에 진입하지 못하면 '끝'이라는 불안이 도사리고 있다.

회사에서 중역을 담당했던 50대 남성의 사례를 살펴보자. 이 남성은 정년이 되기 전 일을 그만두고 다른 일자리를 찾으려 한다. 마땅한 일자리를 찾지 못했고, 일을 쉬는 것보다 동네에서 가까운 아파트 경비 일을 새롭게 시작하려고 생각했다. 주변인에게 자신의 계획을 이야기했더니, 오히려 "아니 회사의 중역으로 일했던 사람이 차라리 일을 안 하고 말지 무슨 경비원으로 일을 해"라는 비난의 목소리가 돌아왔다. 이 사례는 한국 사회가 계층적이며 위계 사회라는 특징을 단적으로 보여준다.

직업의 위계나 귀천이 없다고 말할 수 있지만 한국 사회의 속내는 그렇지 않다. "회사의 중역이었던 애가 이렇게 경비원을 하면서라도 계속 일을 꾸준히 이어가려고 한다니 정말 그 노력이 대단하다"라고 지지하고 칭찬하기보다 "아니, 너는 체면도 없냐? 그런 일을 하다가 어떻게 경비 일을 해. 정말 부끄럽다"는 식으로 사람의 지위와 체면을 중시한다.

또 한국 사회에서 만약 어떤 사람이 실패할 경우, 그 실패에 대해서 "사람들 다 실패할 수 있어. 다시 해봐. 열 번 실패하더라도 결국은 도달하는 게 중요해"라고 격려하기보다 실패를 하게 되면 "저 사람은 실패했구나. 이제 저 사람은 끝났네" 하고 서둘러 낙인찍고 배제하는 태도가 존재한다. 실패는 용인하기 어렵고 성공을 집착하고 지나치게 선망하는 사회인 것이다.

매년 대학 입시에서 학생들을 만나 그들을 면담하고 자기소개서 글도 살핀다. 그런데 신기하게도 학생들이 시기마다 존경하는 인물이 비슷하다. 가령 반기문 총재 같은 사람이 이슈로 떠오르면 거의 모든 학생들이 자신의 롤모델로 그를 꼽는다. 당대 유명하고 성공한 사람들, 스포트라이트를 받는 사람들이 곧 학생들의 꿈이 되어버리는 식이다.

읽는 책도 마찬가지다. 무슨 책이 가장 감명 깊었냐고 물으면, 대개 최근 1~2년 동안 사랑받은 베스트셀러를 꼽는다. 자기 자신의 취향이나 꿈 등 개인의 생각은 중요하게 여기지 않는다. 성공으로 가는 길은 마치 하나밖에 없어 보이는 착시 속에 모두가 갇혀 있는 것 같다.

실패가 만든 낙인

한국 사회에서 실패에 대한 낙인은 그것이 일상적일 정도로 흔하다. 한국처럼 실패를 여러 층위에서 낙인찍는 국가도 없다. 학벌, 출신 지역, 성별, 키, 외모, 입맛과 취향에 이르기까지 낙인찍고 차별하고 배제하는 문화는 우리 사회 곳곳에서 이루어지고 있다. 혹시 내가 낙인의 대상이 되지 않을까, 어디엔가 소속되지 못할까 하는 불안이 우리를 숨막히게 한다.

1부에서 사회적 시선과 우리 몸에 대해 다뤘듯이, 한국 사회는 남의 평가를 중시한다. '내 출신 대학 때문에 아무리 열심히 해도 혹 나를 잘못 보는 것은 아닐까', '내가 지방 출신이기 때문에 일을 할 때 촌스럽고, 트렌드를 따라가지 못하는 사람으로 간주되는 것은 아닐까' 등 사람들은 직장이나 친구 관계에서 불안을 안고 살아간다.

한국인이 경험하는 불안은 구체적으로 '실패'에 대한 불안이라고 할 수 있다. 물론 불안해하는 내용은 개인적이고 연령과 성별에 따라 다를 수 있지만 공통적으로 상상되는 불안의 영역이 존재한다는 점에서 그것은 사회적 성격을 갖는다. 우리가 불안해하는 것은 사실 모두 비슷하다. 부모가 만족할 만한 성적을 내지 못하는 것, 원하는 대학에 입학하지 못하는 것, 괜찮은 직장을 갖지 못하는 것, 결혼 적령기에 혼인하지 못하는 것, 대출 이자를 갚지 못하고 빚더미를 떠안는 것, 자녀가 집단 따돌림의 대상이 되거나 성적이 상위권에 이르지 못하는 것, 갑자기 직장에서 퇴출되는 것, 늙고 병이 들었다고 자녀로부터 버림받거나 갑자기 치명적인 질병에 걸리는 것 등이 우리를 불안하게 한다. 이처럼 전 생애주기에 걸쳐서 나타나는 실패에 대한 불안은 한국인이 삶의 여유를 포기하면서 남들도 다 하니까 괜찮을 것이라는 근거 없는 믿음 속에 수동적으로 살아가게 하는 동력이 되기도 한다.

대체로 한국인은 대다수의 남들이 하는 방식을 따르는 것을 당연하게 여기고 그렇지 않은 사람은 비뚤어진 시각으로 바라본다. 이를테면 길을 가는 사람을 향해 "쟤는 왜 저러지. 쟤는 너무 튀는 거 아니야?" 하는 식의 사고 자체를 특별히 이상하다고 보지 않는다. 이는 '나는 이렇게 불안한데 저 사람은 그렇지 않아. 저 사람은 이상한 사람이어야 돼. 저 사람은 뭔가 문제가 있어' 하는 사고로 이어지기도 한다. 이 지점이 '한국 사회는 왜 질투와 혐오가 많은가'와 연결될 수 있다.

왜 우리는 이렇게 혐오하는 사회에 살고 있는 것일까. 무엇을 위해 누군가를 배제하고 미워하는 것일까. 나는 그 이유가 '불안'에 있다고 본다. 사회적 기준에 맞춰 살아가면서 사실은 스스로 행복하지 못하고 자유롭지 않다고 여기는 것이다. 그렇기에 그 불안한 마음은 비교적 쉽게 비난할 수 있는 사회적 약자들을 향한 비난과 혐오의 마음으로 뒤바뀐다.

앞서 한국 사회는 원칙과 책임을 중시하기보다 성장과 발전, 결과와 물질이 중심이 된다고 보았다. 가진 자에 대한 지나친 사회적 인정과 가지지 못한 자에 대한 강한 멸시가 동시에 존재한다. 또 가진 자를 질투하고 선망하는 태도가 만연하다. 실패에 허덕이는 사람 앞에서 위로하거나 격려하기보다 오히려 그를 격렬하게 비난한다. 이러한 사회적 풍토에서 실패를 경험하는 사람들은 점점 더 세상에 대한 분노를 키워갈 수밖에 없다.

살면서 누구나 실패를 경험한다. 실패가 없는 인생은 존재할 수 없다. 오히려 실패를 어떻게 잘 극복하고 겪어내느냐가 중요하다. 하지만 우리 사회는 실패에 대해서 관용적이지 않다. 무언가 실패하면 그 사람에게 다른 기회가 주어지기 어렵다. 입시에 실패했다고 해서 혹은 원하는 대학이나 직장에 가지 못했다고 해서 그것을 극복하고 자신의 능력을 보여줄 수 있는 기회를 마련해줄 수 있는 사회인지 생각해볼 필요가 있다.

질투와 혐오의 문화

한국 사회는 실패한 사람들을 위로하거나 격려하기보다 경멸하고 비난하는 사회 분위기에 더 익숙하다. '실패'를 과정이 아닌 결과로 보고, 실패한 사람은 곧 능력이 부족한 사람으로 여긴다. 이를테면 실패를 경험하고 있는 사람에게 "네가 못나서 그래. 다른 사람들은 똑같은 조건 속에서도 다 해내는데 너는 왜 못하니?"라는 식의 이야기가 반복되다 보면, 그 사람은 좌절감에 빠지고 이는 점차 세상을 향한 분노로 작용할 수 있다.

'남부럽지 않은 삶'을 이야기할 때 '남'이 지칭하는 존재는 굉장히 모호하다. '타인'의 실체는 이웃 혹은 동창생이 되기도 하고 다른 지역이나 국가가 되기도 한다. 문제는 분노의 대상이 마치 한국인의 욕망 구조에 투사된 '타인'처럼 그 실체가 딱히 분명하지 않다는 데 있다. 즉 이들은 자신에게 배려와 기회를 제공하지 않는 세상에 대해 억울함과 분노를 느끼지만, 그 대상은 언제나 모호하기에 해결되지 않는 분노감은 가족이나 사회적 약자에게 폭언을 내뱉거나 인터넷에 악성 댓글을 다는 식의 폭력과 혐오 문화를 생성한다. 다시 말해 자신의 분노를 전적으로 인정할 수 없고, 해소되지 못한 억울함이 내면에 쌓이면서 표출의 대상을 찾지 못한 분노는 사회적 약자를 향하게 된다. 그것이 여성, 장애인, 노인 등 취약 계층이 쉽게 혐오의 대상이 되는 이유이다.

내가 만난 한 여성은 아이를 키우고 있는데, 어렸을 적 집단 따돌림, 왕따를 겪은 경험 때문에 아이를 학교에 보내는 것이 두렵다고 호소했다. 놀랍게도, 한국 사회에서 학령기 청소년들이 집단 따돌림을 하는 모습을 지켜보면 그 원인이 매우 다양할 뿐만 아니라 상당히 폭력적이라는 것을 알 수 있다. 이를테면 신체적으로나 지적으로 능력이 부족하거나, 같은 아파트 단지지만 작은 평수에 산다든가, 취향이 맞지 않거나, 사회적으로 용인되는 남성성을 가지고 있지 않거나, 혹은 가족이 정상가족의 모습을 띠지 않는 등등 어떤 한 가지로 환원될 수 없는 다양한 원인이 개입되어 있다. 하지만 기본적으로 자신이 더 우월하다는 판단 속에 자기보다 약한 자들을 대상으로 집단 따돌림을 행한다. 그 방식도 매우 다양하다. 집단 따돌림의 행위는 상대 안 하기, 같이 놀지 않기 같은 소외의 방식으로 행해지기도 하고, 엉뚱한 소문내기와 같은 모함, 은근히 욕하고 빈정거리며 면

박이나 핀잔주기와 같은 경멸, 말 따라 하며 놀리기, 물건 던지기, 장난을 빙자하여 때리거나 가혹 행위 하기와 같은 폭력 등 다양한 형태로 나타난다. 이는 어른들의 위계 방식과 상당히 흡사하다고 볼 수 있다.

SNS 경험이 어린 시절부터 이루어지다 보니, 가상세계에서의 경멸과 배제, 집단 따돌림 문제도 심각하다. 위세를 가진 사람이 주장하는 내용에 동의하지 않는 사람을 의도적으로 배제하고 공격하는 모습은 흔하게 나타나는데, 이러한 따돌림에서 사회적 약자에 대한 경멸이나 비웃음은 일상적으로 이루어진다. 약자에 대한 경멸이나 배제, 비웃음을 통해 자신이 속한 집단이 더 우월하고 옳다는 것을 암암리에 강조하는 것이다. 집단 내 소속감을 통해 정체성을 형성하는 것이 매우 중요한 청소년기에 이러한 양상을 보이는 것은 매우 심각한 문제이다. 집단 따돌림의 경험이 있는 청소년들은 성인이 되어서도 종종 후유증을 겪거나 고통에 시달린다. 앞서 언급한 여성처럼 자신이 학창 시절에 경험한 따돌림 때문에 아이를 학교에 보내는 것마저 망설이는 상황에 놓일 수 있다. 피해를 받은 학생 중에는 자해와 자살이라는 극단적인 선택하기도 한다.

어째서 한국 사회는 이토록 질투와 혐오의 문화가 만연한 것일까. 질투와 혐오가 발생하는 근본 원인 중 하나는, 집단 간의 차이와 다양성에도 불구하고 우리 사회에 무엇이 옳고 우월하다는 관점이 너무나 분명하고 고정적으로 자리잡고 있기 때문이다. 우리 자신을 들여다보자. 경제적 측면에서 더 많은 부가 더 많은 행복과 직결된다고 생각하지 않는가. 더 높은 지위가 더 큰 성공이라고 바라보지 않는가. 더 좋은 성적이 훌륭한 학생임을 나타낸다고 생각하지 않는가. 몇 년 전 고등학생을 대상으로 한 설문에서 10억 원을 준다면 감옥에 1년 정도 들어가 있어도 된다는 데 동의한 학생이 100명 중 절반가량에 이른다는 기사를 보았다. 이는 물질 만능주의와 성과주의에 우리 사회가 얼마나 사로잡혀 있는지를 단적으로 보여준다.

물질을 더 얻기 위해 서로서로 싸우는 각자도생의 사회, 그것이 현재 우리 사회의 자화상이다. 하지만 조금 더 생각해보자. 더 많은 부가 반드시 더 큰 행복을 뜻하지 않을 수 있으며, 더 높은 지위가 더 큰 성공이 아닐 수 있다. 우리 사회는 세대와 집단별로 가치관의 차이가 있다 하더라도 근본적으로 모든 국민이 물질 중심주의를 추구하며 달려가고 있는 것처럼 보인다. 덴마크에는 사랑하는 사람들과 또는 혼자서 소박하고 아늑한 시간을 보낸다는 뜻으로 '휘게 Hygge'라는 개념이 있다. 우리에게 그런 의미를 지닌 고유한 단어가 있을까. 자기만의 소박하고 아늑한 행복의 기준을 세우고 그것을 누릴 줄 아는 마음의 여유를 우리는 가지고 있을까.

한국 사회에는 좀 더 다양한 삶의 가치가 등장해야 하고, 그에 대한 관용의 문화가 필요하다. 실패의 경험, 다른 방식의 삶을 인정하고 그것이 하나의 가능성이 될 수 있다는 사회적 분위기가 필요하다. 제도적으로는 생애 단계마다 실패를 경험한 사람들을 지지할 수 있는 장치에 대해 고민할 필요가 있다. 낙인을 찍는 문화는 결국 분노를 형성하게 되고 이는 혐오를 조장하는 사회 분위기로 이어진다. 다른 기회, 실패를 통한 성장 등 우리 사회에 삶에 대한 믿음이 전반적으로 생긴다면 자신의 분노감을 타인에게 투사하는 폭력적인 태도는 점점 줄어들 것이다.

Q 묻고

답하기 A

질투와 혐오의 문화는 유독 한국에서만
두드러지게 나타나는가?

질투와 혐오의 문화는 한국에서 두드러지게 나타
나는 문화이다. 그 까닭은 여러 가지로 분석될 수
있을 것 같다. 먼저 한국 사회는 평등주의 문화가
상당히 기저에 강하게 있는 사회다. 이때의 평등
주의는 긍정적인 성격만 있는 것이 아니고, 일관
성이 있지도 않다. 일단 한국 사회는 규모가 작고
한국 사람들은 대개 우리가 서로 비슷비슷하다고
생각하는 경향이 있다.

한국전쟁으로 인해서, 우리는 그 이전까지의 사회경제적 계층이 상당히 뒤바뀌는 경험을 했다. 모든 사람들이 밑바닥부터 다시 시작했다고 해도 과언이 아니다. 그런데 전쟁 이후 1980년대까지만 해도 경제적이든 정치적이든 성공한 사람들이 각종 비리나 불법을 통해 부나 권력을 축적하다 보니, 한국인은 상층 집단에 대한 존경심이 없는 편이다. 그런데 IMF 이후 최근 몇 십 년 동안에 경쟁이 가속화되었다. 너도나도 사다리를 타고 오르는 경쟁이 워낙 심해지다 보니, 공정성에 대한 문제 제기가 사회 전반에 걸쳐서 확대되었다. 이제는 어떤 사람이 성공에 이르게 된 절차가 공정하지 못하다고 판단되면 그 사람이 혜택을 받았거나 이익을 얻었다는 의심의 눈초리에서 벗어나기가 어려운 구조다.

문제는 이때의 공정성이 참으로 잔혹할 뿐 아니라 인간이 구조적으로 지닌 차이들을 간과하고 있다는 것이다. '기계적 평등주의'라고도 볼 수 있겠다. 예컨대 어떤 사람이 매우 가난한 집 출신이라든지 장애를 가지고 있다든지 하는 상황을 생각해보자. 그 사람은 당연히 구조적으로 더 어려운 조건에서 출발하는 것이니 평등한 기회 부여를 위해서 사회적으로 조정을 해줘야 맞다. 그렇지만 생존을 위해 경쟁에 목숨을 건 사람들은 무조건 기계적 평등을 주장하고, 각자가 처한 조건에 따라 배려하는 것은 오히려 불평등하다고 인식한다. 어떤 이유가 되었든지 사회적으로 더 혜택을 받는 집단을 향해 질투를 하게 되고, 그들이 자신의 몫을 빼앗아 갔다는 생각에 심지어 혐오감까지 갖는 것이다. 이러한 특성들로 인해서, 한국에서는 서로 비교하고 질투와 혐오를 가지는 문화가 좀 더 강하게 자리잡게 된 것으로 보인다.

한국 사회에서는 같은 나이와 성별일 때 '경쟁'이 심화된다. 또 나이와 성별이 다른 경우에는 더욱 '경멸'과 '혐오'의 감정이 거세지고 있다. 이를 어떻게 바라보는가?

한국 사회는 급격한 경제 성장과 정치적 변화를 겪다 보니 세대 간에 경험해온 삶의 양상이 매우 다르다. 삶의 문화적 양상이라든지 태도들이 정착하기 위해서는 그것을 소화할 수 있는 시간이 충분히 필요하다. 사회가 변화를 소화하는 시간에 따라 이를 받아들이는 이해의 폭이 달라진다. 그런데 한국 사회는 서구 사회와 달리 두 세대, 세 세대 만에 온갖 변화를 겪게 되었다. 그러다 보니 동시대에 살고 있지만 세대 간에 문화적 차이를 심각하게 느낄 수밖에 없다.

세대 간의 문화적 차이 중에 대표적인 부분이 남녀 간의 역할이라든지 상대방에 대한 기대치이다. 부모님 세대에서 며느리란 자고로 어떠해야 한다는 생각이 있지 않은가? 그것과 젊은이들 세대에서 며느리들이 어떠해야 한다는 생각 사이에는 하늘과 땅 만큼의 차이가 있다. 이처럼 세대 차이가 크게 나다 보니까, 한국 사회에서는 세대 간에 경멸이나 혐오를 느끼기가 쉬워진다.

서로 다른 성별 간에도 마찬가지이다. 한국 사회는 매우 강한 가부장적 가족 문화를 유지해오다가, 최근 몇 십 년 동안에 여성의 권익이 증진되었고 또 지위도 상당히 올라갔다. 그렇지만 현재 남성과 동등한 수준은 결코 아니다. 이러한 상황에서 남성들 입장에서는 과거에 비해 남성이 누릴 수 있는 권위와 권한이 줄어들었다고 느끼기에 손해보는 느낌이 드는 반면, 여성의 입장에서는 교육 수준과 능력을 볼 때 남녀의 차이가 별반 없음에도 불구하고 여전히 여성의 지위가 낮다는 것에 부당함을 느낀다. 반면에 같은 세대 내에서는 "누가 더 빨리 성공의 자리로 올라가느냐. 그리고 계단을 빨리 타고 높이 올라가느냐"를 중요하게 여기기 때문에, 경쟁 문화가 가속화될수록 먼저 성공한 사람들에 대한 질투와 시기 같은 감정이 생길 수 있겠다. 반면 같은 세대 내에서 실패자를 대할 때는 그 사람이 다시 경쟁의 궤도에 오르기가 매우 힘든 구조이다. 사회가 인정한 잣대에서 벗어나면 마치 영원한 실패자인 것처럼 낙인찍는 사회적 분위기를 탈피해 관용을 추구하는 자세가 필요하다.

우리는 조금 더 행복해야 한다

우리 삶은 다양한 영역에 둘러싸여 구성된다. 고유한 나 자신의 삶이지만, 어찌 보면 나 자신의 몸뚱이 하나조차 마음대로 움직이기 어려울 만큼 각종 제약과 요구, 그리고 사회적 시선에 좌우되어 사는 것이 바로 인간의 삶이다. 이 책은 '몸, 가족, 젠더'라는 조건 속에서 살아가는 우리가 '어떻게 하면 더 자유로운 인생을 살아갈 수 있을까' 하는 고민에서부터 출발했다. 개개인의 삶과 오늘날 한국 사회에서 몸, 가족, 젠더의 관계를 약간의 거리를 두고 비판적 시선으로 살펴보면서 각자가 자신만의 고유한 삶을 보다 자유롭게 향유하기를 바라는 마음으로 이 책을 작업했다.

몸, 가족, 젠더는 내 삶의 제약으로 작용할 수 있지만 동시에 우리 각자가 자신의 내면을 표현하고 또 더 행복한 삶을 누릴 수 있게 하는 중요한 삶의 요소이다. 나를 가꾸고 드러내는 일, 가족과 함께 마음을 나누며 더 풍성한 일상을 만드는 일, 또 여성 혹은 남성으로서 타인과 관계 맺고 사랑하는 일 등은 삶의 거대한 축복이다. 따라서 이들을 단지 제약이나 어려움으로만 생각할 필요는 없다. 오히려 문제는 몸, 가족, 젠더를 통해 내가 얼마나 '나'다운 모습으로 살아가고 성장하며, 내 삶의 욕망을 자유롭게 발현하고 실현하는 것이다.

바쁘고 복잡한 세상을 살아가다 보니, 어느덧 우리는 내가 하려는 일이 진정 '내'가 하려는 것인지 아니면 누군가가 하기를 원해서 끌려가며 하는 것인지 헷갈리는 상황일 때가 많다. 물론 삶의 모든 국면에서 나 자신의 욕망만으로 살아가기는 어려운 일이며, 그것이 반드시 좋다고 할 수 없다. 단적으로 사랑의 마음은 상대방의 욕망을 채워줌으로써 나의 기쁨을 발생시키기도 한다. 그렇지만 만일 지금까지의 내 삶이 의도치 않게 타인의 욕망을 위해 질질 끌려가는 것이었다면 더 늦지 않도록 멈추고 되돌아볼 필요가 있다. 그러한 삶은 단지 내 삶을 종속적이고 불행하게 만들

뿐 아니라 사회적으로도 불필요한 경쟁과 질투, 경멸과 혐오를 낳는 원인이 될 수 있기 때문이다.

이 책은 강의에 기초하다 보니 아무래도 한 권의 완결된 책으로서 여러모로 부족한 점이 많다. 그래도 많은 분의 노력과 협력을 통해 부족한 부분들이 많이 메꾸어졌다. 한 가지 바람이 있다면 독자 여러분이 이 책을 통해 보다 더 자유롭고 자기다운 삶을 꾸려가는 계기가 되었으면 한다.

주석

1. Roxane Gay-Montreal – 2015 (21782801423) (cc-by-2.0)

2. St Bartholomew's Hospital Archives & Museum SBHB MU/14/49/16/2 (Photo number: L0066995)

3. "100만 넘은 우울증 환자… 20대 가장 많아", 동아일보, 2021년 4월 6일 참조.

4. "'가족'보다 '개인'이어야 한다", 대학알리, 2020년 5월 29일 참조.

5. JD Lasica from Pleasanton, CA, US (cc-by-2.0)

6. 1960, 1970년대: ⓒ 국가기록원
   1980년대: ⓒ Jose Quinaliza
   1990년대: ⓒ UNC – CFC – USFK (cc-by-2.0)

7. ⓒ IM Film (cc-by-2.0)

KI신서 10593

우리는 왜 타인의 욕망을 욕망하는가

1판 1쇄 발행 2022년 12월 27일
1판 4쇄 발행 2024년 5월 17일

지은이 이현정
펴낸이 김영곤
펴낸곳 ㈜북이십일 21세기북스

서가명강팀장 강지은 **서가명강팀** 박강민 서윤아
디자인 THIS-COVER
출판마케팅영업본부장 한충희
마케팅2팀 나은경 정유진 백다희 이민재
출판영업팀 최명열 김다운 김도연 권채영
제작팀 이영민 권경민

출판등록 2000년 5월 6일 제406-2003-061호
주소 (10881) 경기도 파주시 회동길 201(문발동)
대표전화 031-955-2100 **팩스** 031-955-2151 **이메일** book21@book21.co.kr

(주)북이십일 경계를 허무는 콘텐츠 리더

21세기북스 채널에서 도서 정보와 다양한 영상자료, 이벤트를 만나세요!
페이스북 facebook.com/jiinpill21   포스트 post.naver.com/21c_editors
인스타그램 instagram.com/jiinpill21   홈페이지 www.book21.com
유튜브 youtube.com/book21pub
서울대 가지 않아도 들을 수 있는 명강의! 〈서가명강〉
유튜브, 네이버, 팟캐스트에서 '서가명강'을 검색해보세요!

ⓒ 이현정, 2022

ISBN 978-89-509-9135-7 04300
      978-89-509-7942-3 (세트)